Quando a política caminha na escuridão

Interesse e virtude n' *A democracia na América* de Tocquevile

Roberta Soromenho Nicolete

Copyright © 2018 Roberta Soromenho Nicolete

Grafia atualizada segundo o Acordo Ortográfico da Língua Portuguesa de 1990, que entrou em vigor no Brasil em 2009.

Edição: Haroldo Ceravolo Sereza
Editora assistente: Danielly de Jesus Teles
Projeto gráfico e diagramação: Camila Hama
Assistente acadêmica: Bruna Marques
Revisão: Juarez Antunes
Imagens da capa: *La Légende des Siècles*, de Victor Hugo, 1860.

Este livro foi publicado com o apoio da Fapesp - processo n'2014/12532-0

CIP-BRASIL. CATALOGAÇÃO-NA-FONTE
SINDICATO NACIONAL DOS EDITORES DE LIVROS, RJ

N552Q

Nicolete, Roberta Soromenho
Quando a política caminha na escuridão : interesse e virtude n´a
democracia na América de Tocqueville
Roberta Soromenho Nicolete. - 1. ed.
São Paulo: Alameda.
; 21 cm.

Inclui bibliografia e índice

1. Tocqueville, Alexis de, 1805-1859. 2. Democracia - América. 3.
América - Política e governo. I. Título

15-26565   CDD: 321.8
                                        CDU: 321.7

ALAMEDA CASA EDITORIAL
Rua 13 de Maio, 353 – Bela Vista
CEP 01327-000 – São Paulo, SP
Tel. (11) 3012-2403
www.alamedaeditorial.com.br

Para o Diego, a cor deste meu cinza-mundo
Para a Raquel, minha irmã, a ausência presente, a menina de lá

"A humanidade, como o vulcão, rebenta uma nova cratera
quando mais fogo lhe ferve no centro."

Machado de Assis,
O jornal e o livro

"And since the current notion of the Free World is that freedom, and
neither justice nor greatness, is the highest criterion for judging the
constitutions of political bodies, it is not only our understanding of
revolution but our conception of freedom, clearly revolutionary in origin,
on which may hinge the extent to which we are prepared to accept or reject
this coincidence. Even at this point, where we still talk historically, it may
therefore be wise to pause and reflect on one of the aspects under which
freedom then appeared [...]"

Hannah Arendt,
On revolution

"Yet it is a sound – far more than prayers and anthems – that should compel
one to think about peace. Unless we can think peace into existence we – not
this one body in this one bed but millions of bodies yet to be born – will lie in
the same darkness and hear the same death rattle overhead."

Virginia Woolf,
Thoughts on peace in an air raid

SUMÁRIO

PREFÁCIO 11

INTRODUÇÃO 15
O abismo entre dois mundos

CAPÍTULO I 35
A América como conceito e mito
O estenógrafo da igualdade de condições 42
A trama dos tempos se esgarça: a paixão pela igualdade 53
Depois do combatente, o legislador 63

CAPÍTULO II 69
À tentação do abismo
Doutrinas do interesse 77
As paixões versus os interesses 83
Os interesses e as virtudes 88
A doutrina do interesse bem compreendido 93
O novo tipo de virtude 109

CONCLUSÃO 119

Tocqueville, o poeta da democracia

REFERÊNCIAS BIBLIOGRÁFICAS 135

AGRADECIMENTOS 149

PREFÁCIO

Quando a política caminha na escuridão é uma mostra exemplar da teoria política democrática que se desenvolve com pujança no Brasil, não só na direção exegética e erudita que perscruta as obras da longa tradição ocidental (e que é fundamental ao rigor acadêmico e ao reconhecimento do que não nos é familiar nas linguagens políticas do passado), mas também no enfrentamento dos temas que integram as pautas do cotidiano democrático atual. Num diálogo intenso com a obra de Alexis de Tocqueville, fonte de inspiração incontornável para a compreensão da democracia no mundo contemporâneo, o texto de Roberta Soromenho Nicolete articula, com cuidado e maestria, a reflexão histórica e o exercício conceitual no tratamento de questões políticas que importam ao conhecimento do que há e à imaginação do que pode haver no campo da vida social.

As qualidades do texto são eloquentes. Uma escrita clara e informada, que elabora temas complexos sem hermetismos mas com ironia e da fineza. O trabalho artesanal e erudito, que oferece um verdadeiro serviço público aos leitores – as notas, as citações, as traduções –, é impecável. As ideias se explicitam com coragem, marcando as posições da autora e, o que é mais importante, em todo o percurso há pensamento. Não há um traço de modorra acadêmica ou de burocracia institucional no texto de Roberta. O que há é uma apresentação rica das complexas relações entre interesse e virtude nas sociedades democráticas, guiada pelo tema do interesse bem compreendido tal como elaborado por Tocqueville, talvez um dos tópicos mais difíceis de serem tratados na análise de sua obra, seja por sua natureza agônica – a busca de alguma harmonia entre estes dois adversários tradicionais, a virtude e o interesse –, seja pela escassez da massa textual dedicada pelo autor ao seu desenvolvimento.

Para a nossa experiência política contemporânea, marcada indelevelmente pelo registro democrático e pelo enfrentamento dos seus dilemas e das suas insuficiências, o tema é de enorme relevância e se torna ainda mais significativo para quem se interessa pela potência crítica e propositiva das tradições republicanas. Para dar alguns exemplos do alcance das questões aí imbricadas, podemos listar:

. a discussão acerca dos limites práticos e reflexivos apresentados pelas vertentes orientadas exclusivamente por modelos institucionais da política democrática – como em Montesquieu, mas de um modo mais pertinente à nossa experiência contemporânea, as formas institucionais aparecem pensadas em conjunto com aquilo que as anima, com os seus princípios diria Montesquieu, com suas práticas e costumes diria Tocqueville;

. o reconhecimento dos interesses individuais como motores incontornáveis e legítimos da vida cotidiana democrática e da ação política em particular – e com ele os temas do desejo, do consumo, da liberdade de cada qual desenvolver o seu plano de vida e buscar ser o que gosta, o que imagina ou quer ser;

. a notação do risco que tais interesses, deixados a si em sua bárbara potência predadora, representam para a vida comum, e especialmente para a sobrevivência digna daqueles que vieram ao mundo com baixa capacidade de proteção familiar e social;

. a relação tensa entre as forças criadoras da espontaneidade que resultam do livre viver de acordo com a imaginação, a inteligência, os desejos, os recursos e a capacidade de cada um, e os limites que, justa e legitimamente, devem ser erigidos às potências voluntárias, individuais e coletivas, para que a possibilidade de uma vida boa não seja privilégio dos presenteados pela sorte do nascimento, mas estendida a todos os habitantes das democracias;

. a necessidade, enfim, de se "educar" tais interesses inextirpáveis nas condições sociais democráticas, do mesmo modo que se deve "educar" (o termo é de Tocqueville) a própria experiência democrática para que não se corrompa num novo tipo de despotismo que, mesmo quando não violenta o corpo, destrói as faculdades mais nobres que distinguem os seres humanos de outros animais.

São esses alguns temas da tópica tocquevilliana que insiste na afirmação radical de que todos são iguais na democracia e, como tais, devem ser reconhecidos, inclusive em sua liberdade; que nos propõe a crença de que é mais justa a sociedade igualitária, fruto da experiência histórica e das luzes que levaram o espírito, pelo menos ocidental, a realizar o que já se pensara desde o cristianismo primeiro – que todos os seres humanos são igualmente filhos do mesmo deus – num contexto em que não há mais o mesmo deus.

No tema do interesse bem compreendido (ou "propriamente" compreendido, como na justificada preferência de Roberta) aparece, em sua plenitude, o que a autora chamou de estilo de pensamento tocquevilliano. Uma prosa construída de condicionais, aberta ao campo dos possíveis, que adentra corajosamente a agonia do pensamento: o indivíduo democrático é portador, simultaneamente, da maior independência e da maior fragilidade social; a igualdade é ao mesmo tempo o princípio ordenador mais justo e o que traz os maiores riscos de despotismo; as crenças majoritárias são o cimento que garante a sobrevivência da construção social democrática e o cadinho para a emergência de uma tirania da maioria; a descrição da "revolução democrática" como uma realidade "providencial" vem contrabalançada pela profissão de fé do anti-fatalismo; o vislumbre de um possível despotismo democrático como forma inédita de opressão aponta as contradições entre liberdade e igualdade e associa suavidade e corrupção. Eis aí o estilo de pensamento de um autor que quis buscar a conciliação entre impulsos que costumam se antagonizar: o dos interesses individuais e o da virtude cívica. Como em relação a todos os antagonismos que acabo de listar, também aqui a sanha de Tocqueville é adentrar o conflito dos termos tradicionais para tentar superá-lo através de uma reflexão teórica que nunca dispensa o recurso à história e à experiência prática.

A arte republicana da política ganha o seu inteiro valor quando se defronta com os dilemas da democracia contemporânea. Como criar as condições para que os interesses sejam ao mesmo tempo liberados e esclarecidos, para que, na interação social, possam desenvolver suas potências criativas em benefício da coletividade social mais abrangente, que não se confunde com a família, com os empreendimentos privados ou com os amigos mais próximos? Como fazer com que o mundo democrático seja ao mesmo tempo liberador dos desejos e dos planos de vida os mais diversos e o garantidor de uma vida boa, digna e justa para os seus habitantes?

Que o leitor aprecie os temas fundamentais de Tocqueville que Roberta traz à baila para nos fazer pensar.

Marcelo Jasmin

INTRODUÇÃO

O abismo entre dois mundos

Le passé n'éclairant plus l'avenir, l'esprit marche dans les ténèbres.

Tocqueville
De la démocratie en Amérique

Século XIX. Uma imagem fornece o nosso ponto de partida: entre o mundo que ruiu e o novo que se ergue, há um abismo. Não tardará para que homens e mulheres vasculhem as ruínas do Antigo Regime – e não devem se surpreender se, nos escombros, em meio a mobílias destruídas e muralhas derrubadas, forem encontradas peças de privilégios herdados, trapos de servidão, restos da desigualdade irremediável. Em face do insondável, com a ordem antiga dada em terra, alguns sustentam o olhar de desespero, praguejam a decadência e desejam que, ao acordarem, as instituições do passado estejam todas reerguidas e em seu lugar: um rei de volta ao trono, com cetro e coroa; nele, outros enxergam senão a realização de uma antiga promessa da igualdade na terra e, bradando o novo, desejam apressar a passagem pelo despenhadeiro.

Em comum, à sombra do abismo, esses herdeiros da ruptura, filhos da Revolução Francesa, parecem experimentar a vertigem da aceleração do tempo: o tempo do Antigo Regime segue a passos vagarosos, preserva a duração dos acordos feitos em segredo e carregados por mensageiros. É o lento da mediação das cerimônias, em suma, "das complicações da etiqueta e da diplomacia" (OZOUF 2009, p. 111); o tempo do novo estado social é o dos passos acelerados, dos debates então tornados públicos, da proliferação de círculos de propagandistas, da prontidão da ação revolucionária e da construção apaixonada de uma nova ordem.[1] Tal construção, sobretudo, nos permite reforçar a ideia de uma projeção abissal, que torna os homens dilacerados pela angústia. É que "abismo" também é uma figuração do caos, de um estado confuso antes da criação do mundo. Das incertezas quanto ao regime de autoridade que a França destituía, de medos em relação ao que a nova sociedade erigia e de "um ponto de interrogação posto ao fim de tudo", nos termos de Victor Hugo (HUGO 1841, p. 151), os documentos oficiais, bem como as obras literárias e as dos historiadores, guardam vastos testemunhos.

Nesses últimos anos do século XVIII e nas primeiras décadas do século XIX – tempo no qual se abre, de uma vez por todas, um abismo entre o mundo aristocrático e o mundo democrático –, há vozes por toda parte tecendo um manto sonoro que encobre e ecoa, ao mesmo tempo, as diversas inquietações. Alfred Musset compara essa profunda separação temporal a um oceano: "[...] um passado para sempre destruído, agitando-se ainda sob suas ruínas, com todos os fósseis dos séculos de absolutismo, diante deles a

---

1   A formulação "aceleração do tempo" é imprecisa. Endossamos a observação feita por Francis Wolff, segundo a qual o tempo não se acelera e, de uma perspectiva físico-objetivista, é matéria imutável (WOLFF 2013, p. 47). O uso deliberado da expressão pretende aludir ao sentimento refletido pelos próprios atores, o de que a densidade das experiências do período revolucionário fazia aqueles poucos anos se assemelharem mais a séculos vividos. Estamos, assim, de acordo com a análise de Frédéric Brahami, a quem "todos os historiadores percebem que, aos olhos de seus próprios atores, a Revolução Francesa foi um momento de aceleração vertiginosa do tempo, aceleração que vem da extraordinária fecundidade política desse momento excepcional, de sua incrível intensidade". A condensação do tempo (para não falar na supressão dele, ainda seguindo o autor) registrada em penas tão diversas quanto Lamartine, Michelet, abade Morellet e Boissy d'Anglas (BRAHAMI 2012, p. 185-6). Claude Nicolet substantiva essa experiência temporal como uma "contraction du temps" (NICOLET 1994, p. 87).

aurora de um imenso horizonte, os primeiros clarões do futuro; e entre esses dois mundos... qualquer coisa semelhante ao Oceano que separa o velho continente da jovem América". E expressava o mal da indefinição carregado por uma geração ardente, nervosa, concebida entre batalhas: "O século presente, em uma palavra, separa o passado do futuro, não é nem um e nem outro, mas a ambos se assemelha ao mesmo tempo; e, a cada passo dado, não sabemos se pisamos numa semente ou numa ruína" (MUSSET 1882, p. 422-3). É também na tentativa de perscrutar essa oposição abismal que Hugo pergunta a seu cocheiro quantas léguas há entre Reims, a terra da sagração, e Varennes, cidade em que a família real foi pega em fuga, em 1791. O homem responde que quinze léguas as separam, mas o romancista sentencia: "para o espírito há um abismo, a Revolução" (HUGO 1985, p. 221). Outras vozes expressavam o descompasso entre mundos contíguos que mais se assemelhariam a duas obras inacabadas, pois o novo não parecia pronto, e tampouco o antigo inteiramente esgotado. No entusiasmo contido de Edgard Quinet, a ruptura correspondia ao nascimento de uma nova história: "O evento da democracia não pode ser apenas um novo progresso do espírito, da civilização, da ordem universal. Ou ela será tudo isso ou ela não será nada" (QUINET 1845, p. 396). Na voz de Madame de Staël, ao horror produzido pelo fanatismo se assomam as dúvidas em relação ao novo tempo:

> Um abismo está a ponto de se abrir sob os nossos pés; não sabemos qual caminho seguir em tal vazio e o espírito lança-se ao desespero, de catástrofe em catástrofe, até alcançar a aniquilação de toda esperança e consolação. Devemos atravessar essa crise assombrosa tão rapidamente quanto possível [...]: tudo é uniforme, ainda que extraordinário; tudo é monótono, embora terrível (STAËL 2008, p. 354).

A ideia de haver uma interrogação ao final de tudo parece se comprovar. São dúvidas decorrentes de uma "era de transição", a concordarmos com a tese de Roger Boesche. Para o autor de *The strange liberalism of Alexis de Tocqueville*, compositores, artistas plásticos, músicos e literatos, todos expressavam o medo (não raro, lembremos, declaravam um "trauma")[2] inerente a um século turbulento, entre um passado glorioso e um futuro ainda a ser construído. Presente incerto: consideravam-se condenados, por um lado, pelo declínio da sociedade aristocrática e, por outro, pela ainda imatura cultura democrática (Boesche emprega o termo "burguesa"), na qual se afrouxam as crenças e os laços mais tradicionais, bem como a dúvida se assenhora sobre as convenções e os sentimentos comuns. Nas palavras do autor, "o que mais surpreende alguém da geração de Tocqueville não é tanto a existência do desencantamento, mas a sua extensão e intensidade atravessando todo o espectro político [...]" (BOESCHE 1987, p. 35).

Do coro reunindo vozes tão díspares quanto as dos conservadores, contrarrevolucionários, liberais, republicanos e, até mesmo, a dos progressistas mais radicais, ouviam-se, sobretudo, as críticas à nova sociedade que deixava os indivíduos entregues ao isolamento, e a sociedade, à fragmentação. As razões para o isolamento dos homens diante da ruptura entre os mundos não deixaram de ser buscadas, mesmo no século seguinte. Em janeiro de 1840, o jornal liberal *Le National* advertia: "privado de toda a unidade moral, profundamente indiferente aos interesses gerais, dividido e reduzido a pó, como a areia dos mares, pelo egoísmo mais estreito, o povo francês é um povo apenas no nome" (*apud* BOESCHE 1987, p. 46). No jornal da classe trabalhadora, *L´Atelier*, em novembro do mesmo ano, lia-se que o egoísmo era o sentimento mais experimentado na nova sociedade, razão da sua fragmentação: "O egoísmo que elas [as pessoas] procuram incitar com uma perseverança desnorteadora é o mais detestável sentimento que um homem pode exercer. É o sentimento da mais poderosa dissociação. E dissociação é anarquia" (*apud* BOESCHE 1987, p. 46). Em outubro de 1842, dissertava-se sobre as consequências desse traço egoísta a marcar a sociedade, também no realista *La Gazette de France*: "É pela degradação; é pela destruição nos homens dos nobres sentimentos da nação, da honra, do desinteresse e da devoção ao bem

---

2 Sobre o emprego do qualificativo "trauma" para a experiência do período, termo comum a diversas obras políticas, ver BRAHAMI 2012, p. 183-95.

QUANDO A POLÍTICA CAMINHA NA ESCURIDÃO

público. É o desenvolvimento do egoísmo a dirigir os homens aos prazeres sensuais" (*apud* BOESCHE 1987, p. 45-6).

Alguns poderiam criticar os excertos acima como expressões da nostalgia, sínteses da fragilidade e, portanto, sem importância para o pensamento político. Afastamo-nos de tal consideração e concordamos com Boesche ao afirmar que discussões tão profusas acerca do isolamento e da emergência do individualismo egoísta, comprometedores do estado social democrático, podem indicar uma dimensão crítica comum ao debate do período – ao qual, é certo, não eram alheias as obras mais sistemáticas do pensamento político. Na pena dos autores mencionados, é notável o modo pelo qual as angústias com a nova ordem social se mesclavam à avaliação de que tal estado democrático levaria à extrema desordem moral por predomínio do interesse pessoal, compreendido nessas letras senão como sinônimo do egoísmo decorrente da intensificação das atividades comerciais. No terreno frágil que é falar sobre os interesses – um dos conceitos centrais deste trabalho – é preciso pisar com mais cuidado, pois nem todos os autores do período identificaram de modo direto a desintegração do novo estado igualitário com o interesse. Aliás, de quantos sentidos pode se revestir essa palavra contestável, nesse período? Trataremos disso mais adiante.

Na pena de Alexis de Tocqueville, ora embargada pela lembrança dos avós mortos durante o período do Terror revolucionário, ora convertida em profecia do novo estado social,[3] era advertido que apenas os tolos esperariam

---

3   Não parece desimportante lembrar que, originário de uma família de nobres da Normandia, Tocqueville nasceu em Paris, em 1805. Na França, além das ruas parisienses – Tocqueville frequentou o tão falado curso de Guizot acerca da história da civilização europeia, na Sorbonne –, percorre como juiz auditor as ruas de Versalhes e, na Mancha, as do distrito de Valognes, como deputado. Sua sensibilidade política, todavia, não remete apenas ao cotidiano francês. Ainda muito jovem, Tocqueville viajou à Itália, à Irlanda e à Sicília. Sua obra mais conhecida, *A Democracia na América*, é também fruto de sua viagem aos Estados Unidos. Inglaterra – terra de sua esposa Mary Mottley – e Argélia forneceram tema para outros escritos e para a composição de modelos de comparação. Da viagem à Suíça, em 1836, talvez o legado mais comentado entre os críticos seja o contato intenso com a obra de Maquiavel. No mesmo

pela restauração da ordem: "Há pessoas que veem na Revolução de 1789 um puro acidente e que semelhantes ao viajante da fábula sentam e esperam que o rio passe. Vã ilusão!" (TOCQUEVILLE 2010, p. 28, nota o). Para o autor, o ponto no qual se situava com os seus contemporâneos seria privilegiado, mesmo que assombroso, "porque é necessário estar no ponto de divisão, como nós estamos, para perceber distintamente os dois caminhos" (TOCQUEVILLE 1967, p. 95). Afirmação que remete à condição dele, estabelecido entre dois mundos, o aristocrático e o democrático, a nenhum dos quais se devotaria cega e instintivamente. Como expressa também nesta carta a Henry Reeve, escrita em 22 de março de 1837:

> [...] Eu talvez teria um ou outro [dos preconceitos], se tivesse nascido em outro século e em outro país. Mas o acaso do meu nascimento deixou-me bastante confortável para defender-me de uns e de outros. Vim ao mundo no final de uma longa Revolução que, depois de ter destruído o antigo estado, não criou nada de duradouro. A aristocracia já estava morta quando eu comecei a viver e a democracia ainda não existia; por isso o meu instinto não poderia me levar cegamente nem em direção a um nem a outro [...] Em suma, eu estava tão bem equilibrado entre o passado e o futuro que eu não me sentia natural e instintivamente lançado nem a um nem a outro, e eu não precisava de muito esforço para lançar olhares tranquilos para os dois lados (TOCQUEVILLE 2003, p. 377).

---

ano em que se tornou Ministro dos Negócios Estrangeiros, em 1849, faz a sua primeira viagem à Alemanha. Estava em Cannes quando deixou para sempre a França e o mundo, em 1859. Os capítulos de terror da Revolução marcaram profundamente o jovem aristocrata e a sua família, como bem sintetiza o biógrafo André Jardin: "a atmosfera familiar dos anos de juventude de Alexis de Tocqueville foi fortemente sombria" (JARDIN 1984, p. 14). Sobre a sua voz figurar como "profecia", o próprio autor, na "Advertência da 12ª edição", d'*A democracia na América*, o assume: "O homem que, em presença de uma monarquia antes fortalecida do que abalada pela Revolução de Julho, traçou essas linhas, que o acontecimento fez proféticas, pode hoje chamar novamente, sem temor, a atenção do público para a sua obra" (TOCQUEVILLE 2001, p. 3; DA, TI, "Advertência da 12ª edição").

A voz de Tocqueville é, ao lado dos homens e mulheres de sua geração, uma daquelas a percorrer o abismo que separava o mundo no qual seus pais viveram do seu próprio. Desse modo, concordamos com Boesche ao afirmar que Tocqueville não permanecera indiferente às questões do seu tempo:

> Como ele era um jovem brilhante quando os seguidores de Hugo lutaram por Hernani, quando as Meditações de Lamartine atraíram suspiros em toda a Europa, quando as sátiras de Balzac atingiram causticamente a nova classe capitalista, quando homens e mulheres jovens em toda a França apressaram-se para abraçar a nova religião de Saint-Simon, quando homens e mulheres da sua idade lutaram nas barricadas para expulsar Carlos X, em nome da liberdade, como Tocqueville poderia permanecer distanciado? Não poderia, claro. A todo momento, o pensamento político de Tocqueville respondeu às esperanças e aos medos de sua geração; ele emprestou do seu vocabulário e compartilhou as suas preocupações (BOESCHE 1987, p. 21).

Parece ser possível distinguir que, a despeito da inquietação diante do novo estado social, partilhada entre os literatos e os homens políticos da sua geração, Tocqueville ocupava-se com o retrato da feição da democracia, estendendo a sua análise aos contornos, sombras e impressões marcadas (o léxico das artes plásticas é incorporado ao vocabulário por Tocqueville, sendo notável desde os planejamentos e primeiros rascunhos da obra), por esse movimento irrefreável, nas sociedades e nos homens: "Você sabe que procuro nessa leitura menos os fatos do que os traços do movimento das ideias e dos sentimentos". Não sem deixar de relativizar o peso da ruptura em sua prosa – em franca oposição aos que viam na Revolução apenas uma quebra no tempo, um ruído, uma turbulência passageira[4] – Tocqueville explica qual

---

4   É importante precisar que a imagem do abismo poderia ser corretamente objetada como contrária aos propósitos e tese do autor, n'*O Antigo Regime e a Revolução*, obra cujo objetivo é justamente "entrar no espírito que a [Revolução] conduziu para compreendê-lo" (TOCQUEVILLE 2009, p. 7). Das continuidades então apresentadas,

é a sua matéria: "É isto, acima de tudo, que eu quero pintar: as sucessivas mudanças que foram feitas no estado social, nas instituições, no espírito e nos costumes da França enquanto a Revolução progredia, esta é a minha matéria" (TOCQUEVILLE 1985, p. 372-3).

Para seguir tal matéria ampla, seria necessário investigar, em primeiro lugar, como a democracia, nascida do seio da aristocracia, dela se distinguiria e, então, até que ponto levaria o novo estado de igualdade das condições, que conduzia de certo modo o espírito público, conferia certo aspecto às leis, contornava novos hábitos, criava opiniões e sentimentos, desconhecidos na antiga estrutura social. Em seguida, o autor passaria a avaliar as consequências, as paixões, as inclinações e vícios decorrentes do "fato gerador" (TOCQUEVILLE 2001, p. 12; DA, TI, "Introdução"), isto é, a igualdade de condições como fundamento das sociedades. Seria o novo estado social, ele próprio, uma grande depressão a qual estariam lançados homens e mulheres, uma vez ameaçados pela tirania da maioria? E em meio a tanto pó, ruínas, fúria e terror, como preservar a liberdade, fazendo desse regime de igualdade um regime justo? Isto é, aquele no qual os homens não são iguais na escravidão, mas no qual a liberdade se associa à igualdade. Como protegê-la da usurpação ou do despotismo brando, mal silencioso que rondava os sucessivos governos desse período? O conhecimento acerca da "marcha habitual da natureza" (TOCQUEVILLE 2001, p. 11; DA, TI, Introdução) permitiria pensar que essa ruptura entre dois mundos seria, na verdade, uma realidade providencial, nascida da curva traçada pelos dedos do Criador, como diz Tocqueville sobre o curso dos astros. Como, então, acomodá-la em mãos humanas?

---

no movimento contínuo da igualdade, não decorre que o autor negue o efeito da ruptura. É isso o que nos autoriza, aliás, a recobrar a dramaticidade da imagem do abismo. Mais do que isso, Tocqueville estabelece verdadeira batalha com os seus contemporâneos contrarrevolucionários (os seus familiares, inclusive), todos dormentes na vã expectativa de um retorno do compromisso entre altar e coroa. De todo modo, as nossas análises, nesse trabalho, estão concentradas apenas na obra *A democracia na América*.

No quadro pintado por Tocqueville, a sociedade democrática é retratada em movimento contínuo, uma inconstância de propósitos até, pois os homens se devotam às suas paixões no ritmo dos seus aparecimentos, razão pela qual são frouxos ou rompidos os vínculos entre as gerações. Ele usa a imagem de uma trama esgarçada como metáfora dessa ruptura e do desgaste das relações entre os homens. Nem sequer o vestígio dos antepassados é, para os povos desses novos tempos, uma preocupação. Desfeita a imagem da grandeza de um único grupo, a aristocracia, e contestados os sinais de sua superioridade, por um processo crescente de igualização das condições, os semelhantes obedecem senão a eles próprios e fundamentam em sua razão individual as indicações da verdade, o que permite a um comentador como Pierre Manent afirmar que a autoridade perde o seu fundamento de obediência legítima (MANENT 1993, p. 40). Trancado estritamente sobre si mesmo, parafraseando Tocqueville, cada qual pretende, a partir daí, julgar o mundo.

O autor tem diante dos olhos a sociedade francesa, tornada democrática após uma revolução, em franco contraste com a democracia estadunidense, como veremos. Isso constitui uma diferença essencial, porque as revoluções diluem as antigas crenças, enfraquecem a autoridade e confundem as ideias comuns, como nosso autor generaliza: "toda revolução tem mais ou menos como efeito entregar os homens a si mesmos e abrir diante de cada um deles um espaço vazio e quase ilimitado" (TOCQUEVILLE 2004, p. 7; DA, TII, p1, c1). E, mais adiante, ele explica que, se é por uma luta prolongada entre as diferentes classes da antiga sociedade que as condições se igualizam, nada mais resta entre os homens senão os sentimentos da inveja, do ódio e do desprezo pelo outro – tão encerrado e confiante em si mesmo quanto os demais. Com efeito, o homem das sociedades democráticas experimenta a dolorosa ambiguidade que a igualdade confere à independência: ora se orgulha de a sua razão bastar a si mesmo, ora essa percepção de igualdade o sufoca. Nas palavras de Tocqueville, "quando encara o conjunto de seus semelhantes e se situa ele próprio ao lado desse grande corpo, é logo sufocado por sua própria insignificância e por sua fraqueza" (TOCQUEVILLE 2004, p. 12; DA, TII, p1, c2). Assim isolados e enfraquecidos (cf. TOCQUEVILLE 2004, p. 18; DA, TII, p1, c3), pode ser que esses homens não possuam ideias em comum ("Perderam de vista seus antigos pares e não se sentem mais ligados por um interesse comum à sorte deles"), e persigam apenas os seus interesses particulares ["cada qual, retirando-se à parte, se crê, portanto, reduzido a só cuidar de si mesmo" (TOCQUEVILLE 2004, p. 123; DA, TII, p2, c3)]. E um Estado que passasse a assimilar o fim da agitação à ordem e tendesse à lassidão, para o autor, seria propulsor do despotismo, a principal ameaça à liberdade da democracia. Desse modo, Tocqueville formula em termos rigorosos (endossamos os comentários de Jean-Fabien Spitz) a ameaça latente à liberdade, "o perigo de ver os próprios princípios da liberdade voltados contra o que eles pretendem fundar" (SPTIZ 1995, p. 14).

Diante disso, parece que começamos a recusar em parte a leitura da obra de Tocqueville apresentada por Roger Boesche, no seu *The strange liberalism of Alexis de Tocqueville*. Enfatizando certo "espírito do tempo" (BOESCHE 1987, p. 19), Boesche procura demonstrar que as esperanças e os medos centrais no pensamento político do nosso autor emergem diretamente das aspirações e ansiedades de seus contemporâneos no século turbulento no qual viveram. O mérito dessa leitura, nos parece, é o de evitar o anti-historicismo, inserindo Tocqueville no chão dos debates – e não em uma conversa entre os "grandes filósofos" da história que teriam se debruçado sobre uma questão perene.[5] Contudo, se não podemos recusar o encontro de um vocabulário político comum ao nosso autor e ao clima de opinião mais amplo, "delineando-o pelas emoções e opiniões dos homens da geração de Tocqueville, afinal, trata-se de uma geração que testemunhou [...] as origens seminais do pensamento radical moderno incluindo elementos importantes da crítica reacionária da sociedade comercial emergente" (BOESCHE 1981, p. 497-8),[6] também não podemos deixar

---

5   Alusão incontornável a certo modo de ler e interpretar textos, desqualificado por Quentin Skinner, em seu trabalho polêmico e seminal "Meaning and understanding...", por produzir nada mais do que mitologias e atormentar a história das ideias "com absurdos exegéticos" (SKINNER 2002, p.58).

6   Aos leitores, indicamos que essa passagem foi extraída de um artigo intitulado *Tocqueville's strange liberalism*, no qual está condensada a argumentação do livro ci-

QUANDO A POLÍTICA CAMINHA NA ESCURIDÃO

de tornar mais precisos os sentidos que certas noções e os alcances que conceitos específicos adquirem na obra do autor. Assim, se do individualismo, traço da democracia, adviesse apenas a imagem da decadência, Tocqueville comporia o coro dos lamentosos e conservadores. Mas a conversão de um Estado livre em despotismo é apenas uma ameaça, uma possibilidade inscrita no campo da ação, e não necessariamente um destino fatal.[7] Do individualismo e da paixão principal na democracia, a paixão pela igualdade, é possível entrever traços virtuosos, como a doutrina do interesse bem compreendido e a perseguição, menos obstinada, mas aguerrida, da liberdade.

Na pena de Tocqueville, a ambiguidade é mais que um estilo de prosa: é de pensamento. Portanto, acompanhar a inscrição da igualdade de condições no mundo é também acompanhar a sinuosidade dos condicionantes, de períodos que começam por "se", do campo dos possíveis, da recusa ao fatalismo ou do assentimento imediato ao indeterminado. Interessa-nos, assim, investigar a originalidade de Tocqueville que, a nosso ver, na leitura de Boesche, permanece de certo modo diluída na insistente justaposição entre o vocabulário do parisiense e o de seus contemporâneos. Desse modo, não negamos que ele pudesse partilhar o mesmo vocabulário – aos nossos olhos,

---

tado, de mesmo título, aliás. Por não haver alterações substantivas nos trabalhos, do ponto de vista de suas hipóteses, nos permitimos utilizá-los no mesmo movimento da nossa argumentação.

7 Não pretendemos abordar senão tangencialmente o tema que recebe rigoroso tratamento no trabalho de Jasmin (2005), no qual é analisada a relação entre a atuação política e os processos históricos. O autor sustenta que, no conjunto da obra tocquevilleana, o problema foi elaborado em distintas formulações (há passagens na obra em que essa relação é formulada como uma concepção "trágica" e uma concepção "construtivista" da história), ao mesmo tempo em que eram fornecidas diversas soluções, de modo que foi possível construir "uma espécie de percurso interno do problema da história na obra tocquevilliana" (JASMIN 2005, p. 30). No período que nos serve de referência primeira, qual seja, o da escrita d'*A democracia*, de acordo com Jasmin, prevaleceria uma tensão não resolvida entre uma concepção de história como processo de longo curso, na medida em que a instituição da democracia escapa à mediação humana, e certa injunção que se queria notabilizar mediante ações individuais e coletivas.

como os homens do seu tempo, ele estava absorto na compreensão do abismo, tomado pelo mesmo trauma –, mas precisamos também nos perguntar o sentido que os termos – amplamente partilhados – e noções políticas fundamentais em distintas linguagens políticas da história ganham na sua pena.

É verdade que a palavra *strange*, no título de sua obra, *The strange liberalism of Alexis de Tocqueville*, visa justamente mostrar que, embora as preocupações do parisiense fossem as da sua geração (tal esforço compreende quase toda a Parte I, "Tocqueville and his generation", da obra), as respostas dele o afastariam de seus contemporâneos. Em linhas gerais, Boesche sustenta que, diante do isolamento e da sensação de enfraquecimento, o pensamento político do período posterior a Revolução de 1789 passou a buscar "heróis" (BOESCHE 1987, p. 95), fossem esses as teorias do progresso da história, ou o protagonismo redentor da classe trabalhadora (ou a combinação deles), ou a elevação romântica de um indivíduo absorvido inteiramente na esfera privada. Ao tratar do tema da liberdade na Parte II da obra, "Freedom: Tocqueville's hope", o autor contesta uma das interpretações mais difundidas da obra de Tocqueville, a de que o seu pensamento político se adequaria sem mais ao liberalismo do século XIX. Para esclarecer o "estranho" liberalismo do francês, Boesche argumenta no artigo *Tocqueville's strange liberalism* que:

> o liberalismo de Tocqueville é uma *singular* (incomum) mistura notadamente diferente do liberalismo de meados do século XIX, porque ele combina princípios liberais, os quais associamos com Constant ou Mill, a algumas ideias conservadoras, similares àquelas de Montesquieu e Chateaubriand, adicionando a essa mistura um pouco das ideias radicais de Rousseau ou Michelet. Como resultado, o liberalismo de Tocqueville desvia-se, e é até crítico, da tradição liberal em meados do século XIX [...] (BOESCHE 1981, p. 496).

Consideramos ser mais razoável tratar a obra de Tocqueville como uma sobreposição de distintas linguagens políticas, do que submetê-la a um rótulo e desprezar as nuances, os contornos, as hesitações nela contidas. Entretanto, o autor de *The strange...*, ao analisar a especificidade tocquevil-

QUANDO A POLÍTICA CAMINHA NA ESCURIDÃO

leana, sustenta que "ele era um liberal que desprezou uma política fundada no *self-interest*, preferindo falar da virtude romana, como a ele descrita por Montesquieu e Rousseau, ou glória nacional – ou mesmo militar" (BOESCHE 1987, p. 266). Ora, não nos parece que Tocqueville tenha rejeitado o interesse como um elemento constitutivo da política nas sociedades democráticas. Tampouco nos parece que ele o tenha feito exclusivamente em linguagem republicana, justamente por pensar a relação entre virtude e interesse mediante as questões trazidas por esse período de corte abismal, entre finais do século XVIII e a primeira metade do século XIX. É bem verdade que a discussão aqui lançada, qual seja, a articulação entre os temas da liberdade e virtude – comumente operada mediante linguagem republicana – permitiria iluminar um arranjo específico dessa linguagem política no século XIX.[8] Mas não poderíamos lançar mão de mais um rótulo, de mais uma categoria mediante a qual a obra do autor fosse representada (menos ainda fazer da obra a expressão de um "espírito de época"), sem abordá-la na sua relação com os demais discursos políticos. É que, uma vez tomados em conjunto esses discursos (e não em categorias simplificadas e petrificadas), em verdadeira dinâmica temporal, notamos que as distintas linguagens estão articuladas nos argumentos empregados, e se Tocqueville reclama a liberdade, em termos modernos, e a defesa dos interesses, nem por isso ele deixa de associar essas noções ao conceito de virtude. Desse modo, os rótulos empregados com tanta frequência ao pensamento do autor deixam de ser tão aderentes. Do contrário, sem interpretá-lo nessa sobreposição de linguagens, empregando um vocabulário constituído das questões enfrentadas pelos modernos e, por fim, ensejando torções nessas mesmas estruturas, a reclamação de Tocqueville, endereçada ao amigo Eugène Stoffels, em 21 de fevereiro de 1835, de que os leitores eram

---

8   Indicamos que Tocqueville foi lido como um republicano em outros trabalhos. Allan Bullock, historiador britânico, afirma que Tocqueville representaria a versão do século XIX do humanismo cívico (BULLOCK 1985, p. 93). A mesma leitura foi sustentada na obra de Jean-Claude Lamberti, primeira tese francesa consagrada ao autor (LAMBERTI 1983, p. 187).

parciais na consideração de sua obra e, portanto, não o compreendiam, também poderia ser lançada contra nós.[9]

***

O autor afirma em uma de suas notas de preparação para *A democracia na América* que "nas épocas aristocráticas, o interesse é conhecido, mas a doutrina filosófica o rebaixa. Nas épocas democráticas, argumenta-se que a virtude e o interesse estão em acordo". E, em anotação feita às margens, acresce "eu preciso da América para provar essas duas proposições" (TOCQUEVILLE 2010, p. 920, nota g). Essa é a razão pela qual, no Capítulo 1, discutimos a importância que a democracia estadunidense teria na sua obra. A América permitiria antever a feição do novo estado social em uma sociedade que não conheceu a revolução, em oposição à Europa, permitindo ao francês, como filósofo da democracia, distinguir os traços mais gerais e mais "puros", por assim dizer, do estado de igualdade de condições. Ora, a sociedade estadunidense, por não ter de lutar contra uma aristocracia e costumes que lhe são próprios, apresenta a igualdade como um princípio, desde a fundação. Ali, a igualdade desenvolveu-se de um modo predominantemente tranquilo, ao passo que as sociedades europeias, no geral, estariam dilaceradas, divididas entre dois princípios:

> os emigrantes que vieram fixar-se na América no início do século XVII separaram de certa forma o princípio da democracia de todos aqueles contra os quais este lutava no seio das velhas sociedades da Europa e transplantaram-no sozinho nas terras do novo mundo. Ali, ele pôde crescer em liberdade e, caminhando com os costumes, desenvolver-se sossegadamente nas leis (TOCQUEVILLE 2001, p. 19; DA, TI, "Introdução").

Sabemos que, a partir da discussão do tema individualismo (desenvolvido no Tomo II, na Parte 2, d'*A Democracia*), o autor insere o termo "in-

---

9   Esse aspecto será desenvolvido na Conclusão.

QUANDO A POLÍTICA CAMINHA NA ESCURIDÃO

teresse bem compreendido",[10] uma doutrina na verdade – discutida, aliás, em relação a outras doutrinas morais –, mediante a qual os estadunidenses mitigam o perigo que ronda a democracia. Tocqueville explana, em tom de ruptura, que a doutrina do interesse bem compreendido é, de todas as doutrinas filosóficas, a mais apropriada aos homens de seu tempo e que "não devemos tender a nos tornar semelhantes a nossos pais, mas esforçar-nos por alcançar a espécie de grandeza e felicidade que nos é própria" (TOCQUEVILLE 2004, p. 408; DA, TII, p4, c8). Ora, se a doutrina, como vista entre os estadunidenses, permite dizer de um interesse bem compreendido, em quais outras doutrinas o interesse não o seria? Quais compreensões do interesse, gestadas no interior de outras linguagens políticas da história, Tocqueville objetaria? É com o propósito de tentar oferecer algumas sugestões de respostas, que tecemos a primeira seção do Capítulo II deste trabalho.

Mas, afinal, o que pode significar a palavra "interesse" que fornece base para concepções distintas acerca da vida política? Na segunda seção do Capítulo II, pretendemos oferecer uma narrativa, delineando as camadas semânticas do conceito, o qual nos parece "essencialmente contestável" (GALLIE 1956, p. 167). A princípio, a tentativa de nos desviarmos do valor de face, levou-nos a pensá-lo em diferentes obras políticas, com o propósito de sugerir que estamos diante de um termo que possui uma história, que remonta a uma tradição, ou ainda, que estamos diante de uma linguagem, a linguagem dos interesses, à qual Tocqueville faz, em momentos diversos d'*A democracia*, alusões conscientes e explícitas.

De acordo com Pocock, a afirmação de que se estaria diante de uma linguagem não seria produto da imaginação do pesquisador se este atendesse, entre outras, a duas condições: i) à medida que o historiador puder demons-

---

10 Não estamos afirmando que o termo tenha apenas aparecido neste capítulo da obra. O termo "intérêt bien entendu" já havia sido empregado, em 31 de novembro de 1831, como se pode ler nas anotações do autor, publicadas em português sob o título *Viagens aos Estados Unidos*. Notamos também que, em uma carta a Charles Stoffels, de 21 de abril de 1831, Tocqueville empregará o termo "mieux entendu". N'*A democracia*, o termo aparece, de passagem, salvo engano, em ocorrência única, já no Tomo I.

trar que diferentes autores operaram diferentes atos na mesma linguagem, respondendo uns aos outros por meio dela e ii) à medida que o intérprete puder demonstrar que cada autor discutiu o uso que os demais fizeram dela, que eles inventaram linguagens de segunda ordem para criticar seu uso e que a identificaram, verbal e explicitamente, como uma linguagem que estavam utilizando (POCOCK 2003a, p. 71). Todavia, um desenvolvimento dessa linguagem dos interesses, rigorosamente e à maneira de Pocock, isto é, o esgotamento do contexto das linguagens mediante palavras (a fim de nos afastarmos, portanto, de uma compreensão superficial de tradições e linguagens políticas como mera "ideologia"), é certamente pretensão que escapa aos propósitos deste livro. Pois seria necessário recorrer a todas as obras dos autores contemporâneos a Tocqueville, a fim de identificar em contexto as estruturas de significação e as potencialidades do uso do conceito (do "discurso"), bem como o modo pelo qual o nosso autor se relacionaria com distintas apropriações do termo "interesse". A narrativa que empreendemos, portanto, é incompleta e possui um viés notadamente negativo de tentar explicitar aquilo que a palavra não poderia significar, em vez de uma proposição supostamente definitiva acerca do conceito. "Supostamente", porque, como bem ressaltam Ball e o próprio Pocock, muitas vezes as alterações nas palavras podem ocorrer numa "paz glacial" (POCOCK; BALL 1988, p. 2). Entretanto, e esse parece ser o caso do conceito de "interesse", essas alterações de sentido ocorrem de tal modo que produzem implicações radicais para o pensamento político futuro. Seguimos, com efeito, a advertência de que a apreensão de significados dos conceitos do léxico dos teóricos políticos não se daria senão na "reconstituição das disputas pela fixação dos critérios de uso desses conceitos" (SILVA 2012, p. 25). Diante disso, podemos dizer que o nosso esforço de composição de uma narrativa é uma escolha (parcial, portanto, como narrativa histórica) elaborada justamente para elucidar a tensão na qual o conceito de interesse, sob diversas penas e com propósitos políticos muito distintos, foi inserido.

Note-se que, se fosse endossada a tese de Boesche, tornaríamos também o conceito de virtude uma apropriação tocquevilleana atemporal, por assim dizer, da virtude romana. Contudo, a nossa hipótese é a de que, como tudo que dizia respeito ao novo estado social de igualdade de condições (tal estado, na verdade, a preocupação central do autor), a investigação da relação entre a virtude e os interesses foi fundamental para Tocqueville compreender a teoria moral com a ajuda da qual os estadunidenses ludibriavam o tempo e continham a fatal e necessária corrupção das constituições políticas – daquela, a estadunidense, a princípio. Desse esforço, parece ser pouco razoável sustentar que, ao tratar dos interesses, estaria postulada uma natureza humana elevada. Pelo contrário, o homem que interessa a Tocqueville não é senão o homem democrático: sujeito a paixões baixas (como o ódio e a inveja), devotado aos interesses, especialmente os materiais. Portanto, o desenvolvimento da nossa hipótese requer, a partir disso, matizar a doutrina do interesse bem compreendido a partir das possíveis referências teóricas de Tocqueville (como faremos no Capítulo II).

Ora, para o interesse ser bem compreendido não é suficiente a crença em certa concepção da razão – por isso ele resistiu à linguagem abstrata e iluminista dos filósofos do século XVIII. Não é suficiente o desenvolvimento da educação formal – por isso se afastou, em ampla medida, do projeto dos ideólogos que, por acreditarem na "instituição da razão", fundamentaram projetos para originar uma república de ilustrados.[11] Sobretudo, um interesse bem entendido implicaria razão (o léxico "esclarecido", "iluminado", "bem compreendido" é endossado por Tocqueville), mas não como uma regra anterior e exterior aos homens ou uma norma transcendente e invariável. Tocqueville trata de gostos e de hábitos e, portanto, da experiência no envolvimento com os assuntos públicos. Assim, associada a essa moral esclarecida, há um componente fundamental: o costume (*moeurs*). Explorar o que o francês entendia por costume é passo fundamental da nossa hipótese, pois, sem ela, a relação entre virtude e liberdade não fica clareada (como tentaremos demonstrar na terceira seção do Capítulo II). Nesse aspecto, não atentamos apenas para a descrição de tais costumes (pois isso é movimento comum a

---

11   Sobre os distintos projetos de República do período e as objeções de Tocqueville, sobretudo aos *doctrinaires*, indicamos os seguintes trabalhos: CRAIUTU 1999; GUELLEC 2006, p. 168-72.

muitos trabalhos que comentam Tocqueville, especialmente os que se atêm às descrições da "cultura democrática participativa estadunidense"), mas fundamentalmente para a dimensão normativa que pode conter essa disposição denominada "doutrina do interesse bem compreendido", expressa nos costumes estadunidenses. Portanto, precisamos nos perguntar acerca do alcance de tal arranjo, uma vez que, por sua singularidade, ele não forneceria uma matriz de instituições e costumes transplantável para outra sociedade. E tal doutrina não poderia assinalar a importância da promoção de determinados princípios para as sociedades democráticas no geral? Considerando-se que em muitos trabalhos acerca da obra tocquevilleana é assumida a dimensão filosófica do seu argumento, na medida em que o autor, ao lidar com a democracia na América, objetivava, de fato, perscrutar a natureza do estado social igualitário (cf. MANENT 2006, p. 112) e fornecer referências sobretudo para a sua França (cf. MELÒNIO 2006, p. 338 e DRESCHER 2006, p. 33), oferecendo respostas a dilemas que extrapolavam os limites geográficos e temporais (CRAIUTU 2014, p. 2), não nos parece desprovido de sentido o argumento aqui desenvolvido, o de que o arranjo normativo ao qual nos referimos, o interesse bem compreendido, relacionaria, do ponto de vista analítico, a virtude e a liberdade.

Com os movimentos desta Introdução, parece que os argumentos da hipótese interpretativa desenvolvida neste livro podem ser agora sumarizados. Se não podemos fazer da doutrina do interesse bem compreendido a centralidade das preocupações do autor n'*A democracia*, sob pena de hipostasiar o nosso próprio tema de pesquisa, não nos parece equivocada a tentativa de mostrar que tal princípio se relaciona inteiramente com as premissas centrais da obra na medida em que i) o individualismo é o traço mais nítido da sociedade de igualdade de condições, na qual os elos da cadeia natural da mais odiosa desigualdade, aquela que imobiliza os homens nos seus berços, foram rompidos; ii) a disposição moral dos homens nessas sociedades, certo devotamento amparado no cálculo e não no instinto, faz que eles não se dediquem à ordem comum por bondade ou distinção, mas por um princípio de utilidade e busca da realização dos seus desejos. Eis delineada a doutrina do interesse bem compreendido, elemento de variação produzida por Tocqueville na linguagem e doutrinas morais dos interesses, pois ele associará virtude e interesse, escapando do simplismo redutor que divide a liberdade entre antigos e modernos; iii) a relação entre os interesses e as virtudes é ressaltada nos costumes dos homens da Nova Inglaterra fundamentando uma espécie de juízo teórico que permitiria iluminar os princípios da igualdade de condições nas demais sociedades democráticas, em especial e sobretudo na França. Para tanto, a pena de um aristocrata se deixou empregar do estilo conveniente à audiência democrática.

CAPÍTULO I

A América como conceito e mito

Somme toute, le livre remue dans son fond la question du temps.

Ampère
Correspondence avec Ampère

La durée, la gloire, ou la prospérité de la nation étaient devenues pour eux des dogmes sacrés, et en défendant leur patrie, ils défendaient aussi cette cité sainte dans laquelle ils étaient tous citoyens.

Tocqueville
De la démocratie en Amérique

Era a primavera de 1831. Acompanhado do amigo, Gustave de Beaumont, futuro autor de *Marie, ou l'esclavage aux États-Unis*, Tocqueville cruza o Atlântico para ver o espetáculo que o novo mundo lhe oferecia, deixando, nas suas palavras, o ócio da vida privada no Velho Mundo.[1] No ano anterior, a contragosto e em guerra consigo mesmo, ele prestara o primei-

---

1 É o que o autor escreve ao amigo Charles Stoffels, em 26 de agosto de 1830: "Se eu fui forçado a deixar a minha carreira e se nada me retém necessariamente na França,

ro juramento ao novo rei, Luís Filipe.[2] É provável que o tenha feito, avalia Beaumont, porque a Constituição de 1830 figurara como o oferecimento da segunda e talvez última chance para a fundação de uma monarquia constitucional na França (cf. BEAUMONT 2010, p. 19). Certo é que não jurara por lealdade à coroa, como o atesta uma carta do nosso autor enviada ao amigo Henrion, no mesmo ano:

> Fato consumado, eu continuei a acreditar no que sempre acreditei, que o dever mais rigoroso não era para com um homem ou uma família, mas para com o país. A salvação da França, no ponto em que estávamos, me pareceu estar na manutenção do novo rei. Então, eu prometi sustentá-lo, sem esconder que não era por ele que eu o fazia. Protestei que eu não pretendia um juramento que me atasse para sempre a outra causa que não ao interesse do nosso país e eu não escondi que, quando a nova dinastia fosse incompatível com este interesse, eu conspiraria contra ela (*apud* NOLLA 2010, p. LX).

Não mais que seis dias após o segundo juramento, em outubro de 1830, ele e o amigo Beaumont apresentaram a proposta (na verdade, um pretexto) de viagem aos Estados Unidos, a fim de investigar o sistema peniten-

---

eu decidi abandonar o ócio da vida privada e retomar por alguns anos a existência agitada de um viajante" (TOCQUEVILLE 2003, p. 155-8).

2   Vale a pena citar um trecho desta carta, enviada a Mary Mootley, sua esposa, na qual Tocqueville se descreve como aflito, com a voz embargada e coração palpitante no momento do juramento: "Eu acabo de prestar o juramento. Minha consciência em nada me reprova [...] eu colocarei este entre os mais lastimáveis dias de minha vida... Estou em guerra comigo mesmo, isso é um estado novo, aflitivo para mim. Como minha voz mudou no momento em que eu pronunciei essas três palavras, eu sentia que o meu coração batia a ponto de rasgar o peito" (TOCQUEVILLE 2003, P. 134-5). Todavia, o comentador Bruce Frohnen lança dúvidas sobre esse conflito, apresentando-nos um retrato pouco provável e caricaturado de um Tocqueville convicto politicamente ao afirmar que ele estaria, de fato, "apaziguado e comprometido com a monarquia de Luís Filipe" (FROHNEN 1993, P.10).

ciário.[3] Seis meses após a proposta ter sido apresentada, em abril de 1831, embarcaram em La Havre.

O que deixava para trás o futuro autor d'*A democracia na América*? Um governo francês pouco consolidado diante da incompatibilidade entre distintos projetos políticos: um regime parlamentar amparado no sufrágio universal, como desejavam os republicanos, de modo geral; a monarquia tradicional, como pareciam querer recobrar os legitimistas e os carlistas. O que Tocqueville buscava quando atravessou o Atlântico? Uma resposta possível é o estudo de uma extensa república e das suas instituições, razão declarada na advertência que Tocqueville preparou para a décima segunda edição d'*A democracia*: "[as instituições americanas] eram tão-somente um objeto de curiosidade para a França monárquica, devem ser um objeto de estudo para a França republicana" (TOCQUEVILLE 2001, p. 4; DA, TI, "Advertência" da 12ª edição). Outro modo de dizer isso e uma resposta também possível, a qual se tentará fundamentar neste trabalho, é que o autor seguia o rastro do princípio da igualdade, que "modifica tudo o que ele não produz" (TOCQUEVILLE 2001, p. 7; DA, TI, "Advertência" da 12ª edição). Cercando o abismo, absorto na ideia de compreender os movimentos de ruptura decisivos na França e o que lhe parecia o fato gerador desses mesmos movimentos, o princípio da igualdade, notara, antes mesmo de cruzar o oceano, que uma questão temporal unia os continentes: a democracia, como uma irresistível revolução, avançara de modo contínuo e permanente na porção Ocidental do mundo; na América, ela era um fato. Não tardaria para que os franceses, o autor estava convencido, chegassem "à igualdade quase completa das condições" (TOCQUEVILLE 2001, p. 19; DA, TI, "Introdução").

Ora, sabemos que apenas quando Tocqueville retorna à Paris, possuindo anotações, cartas e entrevistas, bem como, na memória, a imagem daquela sociedade na qual a igualdade de condições exercia uma influência prodigiosa, começou a escrever *A democracia na América*. Parece convincente, com efeito, a hipótese do editor das obras de Tocqueville, Eduardo Nolla, se-

---

3   Sobre o fato de a viagem ser um pretexto para Tocqueville, ver NOLLA 2010, p. LXI; JARDIN 1984, p. 89; e também FURET 2001, p. XI.

gundo a qual todo o material levado da América para a Rue de Verneuil, em Paris, abrigo de Tocqueville enquanto escrevia a sua obra mais famosa, constitui apenas parte daquilo que lhe serviu como base para a composição d'*A Democracia*, cujas ideias, hipóteses e preocupações centrais, segundo o editor, antecederiam a sua partida[4] (NOLLA 2010, p. lxx). Em outras palavras, o que estamos tentando sustentar é que o embarque não teria sido apenas uma fuga do conturbadíssimo momento que vivia na França, tampouco adesão impensada à moda oitocentista de visitar o Novo Mundo,[5] mas a busca das interrogações que já o inquietavam no Velho Continente. Como ele mesmo reflete em uma carta a Kergolay, de Janeiro de 1835:

> Há dez anos venho pensando uma parte das coisas que logo lhe exporei. Fui para a América apenas para me esclarecer sobre esse ponto [...] Nesse país, onde encontrei mil objetos que estavam fora da minha expectativa, percebi que muitos deles diziam respeito às perguntas que tantas vezes fizera a mim mesmo (*apud* FURET 2001, p. XII)

---

4   Nolla sustenta que a viagem de Tocqueville deve ser vista como parte de um processo intelectual. Para o autor, sequer as notas de Tocqueville - também publicadas em português no Viagens aos Estados Unidos - constituiriam um diário de viagem propriamente, de modo que a leitura aleatória dos fragmentos, dos registros e das entrevistas feitas pelo viajante podem parecer desinteressantes ou destituídas de qualquer sentido, se o leitor ainda não estiver informado acerca de algumas das teses do parisiense e das ideias que ele possuía antes mesmo de compor a sua obra (cf. NOLLA 2010, p. lxx). É o que faz Furet sustentar que há na ida para América um "mistério de origem", pois muito já se comentou acerca das suas hipóteses antecederem ou não a sua partida e do impacto que a experiência democrática estadunidense tivera sobre o posicionamento de Tocqueville diante do fato analisado.

5   Dessa literatura, destacamos, talvez o melhor entre eles: *Mémoires d'outre tombe*, de Chateaubriand (1982, p. 277-9). Sobre a travessia do Atlântico, conferir, especialmente, os Livros 6 e 7 (Parte I).

É verdade que isso não explica, como bem nota François Furet, a visita justamente à América, já que "o segredo das instituições livres" poderia ter sido buscado, por exemplo, na Suíça ou na Inglaterra. Mas o caso da Suíça apenas reiteraria o axioma clássico de que só podem ser pequenas as repúblicas – e a Inglaterra, por sua vez, ainda que presente na literatura política, da qual Montesquieu talvez seja o exemplo mais forte para Tocqueville, não figurava como uma democracia. Segundo Furet, seria justamente por possuir o pé em dois mundos – nascido na aristocracia e vivendo o principio igualitário como um fato – que Tocqueville transformara uma questão existencial em conceitual. O autor teria notado que a revolução democrática não era apenas um acidente da história, menos ainda um curso refreável. Como ele aponta em uma das anotações de preparação para *A democracia*: "enquanto eu tinha os meus olhos fixos no América, eu pensava na Europa. Eu pensava nesta imensa revolução social que acaba de se completar entre nós, enquanto discute-se ainda a sua legitimidade e os seus direitos". E sustenta: "Eu pensava na inclinação irresistível onde [nós (eds.)] corremos, quem sabe, talvez em direção ao despotismo, talvez também em direção à república, mas certamente para a democracia" (TOCQUEVILLE 2010, p. 28, nota 0).

Seria infrutífero, portanto, manter a discussão acerca da legitimidade ou não da monarquia francesa, voltar-se contra os coveiros do Antigo Regime, porque a questão primeira é a instituição da democracia. Perscrutando-a como um fato inevitável, o autor poderia, então, avaliar a justa adequação da liberdade ao novo estado social. Ora, se inevitável e universal é a marcha da igualdade de condições, e se, na França, tal princípio era o motor do abalo do Antigo Regime, a escolha pela observação da América dá-se porque, na América, tal princípio teria aparecido em estado puro, isto é, "sem herança aristocrática, sem legado absolutista, sem paixões revolucionárias" (FURET 2001, p. xxiii). Na verdade, já nas primeiras correspondências enviadas após a chegada na América, podem-se ler as comparações com a França:

> Aqui, nós estamos verdadeiramente em outro mundo; as paixões políticas estão apenas à superfície; a paixão profunda, a única que move profundamente o coração humano, a paixão

cotidiana, é a aquisição de riquezas e há mil maneiras de adquiri-las sem perturbar o Estado. É preciso estar cego, na minha opinião, para querer comparar este país com a Europa e adotar em um o que funciona em outro [lugar (trad.)]; eu acreditava nisto antes de deixar a França; e acredito mais e mais examinando a sociedade em meio a qual eu agora vivo; é um povo de comerciantes, os quais lidam com assuntos públicos, quando seu trabalho lhes cede algum lazer. [...] ninguém, talvez, esteja em melhores condições para estudar um povo do que nós (*apud* NOLLA 2001, p. LXVII).

"Um povo de comerciantes, os quais se ocupam dos negócios públicos" é uma observação dos costumes estadunidenses que, como argumentaremos, equivale a uma ideia fixa na obra que se fazia com vistas ao que se vivia na Europa. Num arroubo retórico, o autor chega a afirmar que aqueles hábitos podiam figurar até mesmo como "fonte de poesia" (sobre essa tópica, reservamos o último capítulo). Acentuando o tom paradoxal dessa descoberta, isto é, de comerciantes que possam se dedicar ao mundo público, não seria desimportante relembrarmos a recusa da ideia, expressa por pensadores tão distintos como Marx e Constant, segundo a qual os homens de negócios escolhem administradores públicos para governar em seu lugar, ou porque estariam mais interessados no próprio enriquecimento, ou porque a política seria um espaço subordinado às relações materiais. Em contraste com essas suposições, os costumes estadunidenses, mediante os quais se sustentava o frágil equilíbrio entre a igualdade e a liberdade, apresentam-se para Tocqueville como, parafraseando Pocock, conceito e mito.[6] Conceito porque o ponto fugidio no qual se confundem e se tocam a igualdade e a liberdade, nítido na Nova Inglaterra, delineia uma concepção de sociedade democrática, em oposição às aristocráticas, alterando o conteúdo substantivo que até então

---

6 Tomamos de empréstimo o subtítulo do capítulo IX "Giannotti andContarini - Venice as concept and as myth", do The machiavellian moment (POCOCK 1975, p. 272), de John Pocock, que, como sabemos, de modo nenhum versa sobre a democracia estadunidense, da qual trataTocqueville.

a democracia possuía, como uma forma de governo. Na pena de Tocqueville, democracia passa a designar um estado social, certo modo de ver, sentir e agir; certo princípio que preside as leis e os costumes (voltaremos a isso daqui a pouco). Mito porque não estamos operando no plano da verdade histórica ou da descrição empírica da sociedade observada, a despeito de alguns comentadores já terem objetado o exagero de Tocqueville nos seus elogios à democracia americana, mas do sentido que possui essa narrativa originária, como modelo de sociedade democrática igualitária que não experimentou a Revolução. Em tal descrição, o encontro entre a liberdade e a igualdade, o "espetáculo" do qual fala Tocqueville, serviu como uma referência de análise do estado social democrático – e não apenas o da América, mas o de todas as democracias. Não devemos nos esquecer de que o parisiense fez da feição da República francesa uma questão universal: "Terrível problema, cuja solução não diz respeito unicamente à França, mas a todo o universo civilizado. Se nos salvarmos, salvaremos ao mesmo tempo todos os povos que nos rodeiam. Se nos perdermos, perdê-lo-emos conosco" (TOCQUEVILLE 2001, p. 4; DA, TI, "Advertência" da 12ª edição).

É desse modo, então, que se põe a atravessar o Atlântico, não para "copiar servilmente as instituições" (TOCQUEVILLE 2001, p. 5; DA, TI, Advertência da 12ª edição) daquela sociedade, mas para compreender a conveniência de algumas instituições; não para decalcar os detalhes das leis estadunidenses, mas para "tomar-lhe emprestados os princípios". Contudo, enganamo-nos se acharmos que Tocqueville, dado às representações que a América evocava, teria pintado um quadro harmônico da democracia. Pelo contrário. Se a prosa do autor é labiríntica e redondilhada, ele não enlevou com adornos a gravidade do assunto. Mais do que isso, o autor é atento ao movimento das formas e à sua audiência. Olhando para as experiências estadunidenses, mirava o que poderíamos temer ou esperar do futuro nas sociedades democráticas em geral.

Assim, ao lado das condições físicas da América, a vastidão das suas terras, não escaparia do olhar atento desse observador a paixão profunda que permeava a sociedade visitada, a igualdade de condições, convertida, entretanto, em maior ameaça a uma sociedade de homens livres, então, é preciso reconhecer que ele não fez da América um éden e basta alcançarmos a parte *d'A democracia* intitulada "da influência" que as ideias e os sentimentos democráticos exercem sobre a sociedade política (TII, P4) para notarmos, também ali, os tons amargos com os quais Tocqueville constrói o paroxismo de um "despotismo democrático" (disso, nos ocuparemos adiante). Não tardou para que notasse como, em tal estado social, o interesse – seu veneno – seria o segredo dos laços estabelecidos e da doutrina moral do interesse bem compreendido – seu antídoto – entre os estadunidenses. São essas impressões enviadas a Ernest de Chabrol, em 26 de outubro de 1831:

> Imagine, meu caro amigo, se você puder, uma sociedade formada de todas as nações do mundo: Ingleses, Franceses, Alemães..., cada um tendo uma língua, uma crença, opiniões diferentes; em uma palavra, uma sociedade sem preconceitos, sem sentimentos, sem ideias comuns, sem caráter nacional, cem vezes mais afortunada do que a nossa; mais virtuosa? Eu duvido. Este é o ponto de partida. O que serve de ligação a elementos tão diversos, o que faz de tudo isto um povo? O interesse. [...] o interesse que, de resto, se produz ostensivamente e se anuncia como uma teoria social (TOCQUEVILLE 2003, p. 241-8).

O estenógrafo da igualdade de condições

É verdade que, ao serem percorridas as páginas da obra tocquevilleana, a despeito da centralidade da igualdade de condições, não se encontra uma esquemática definição de tal noção. De saída, portanto, os leitores são acompanhados por certa indeterminação que não diz respeito apenas ao fato que se analisa, isto é, a passagem para uma sociedade na qual a soberania pertencente ao povo, mas às próprias condições de elaboração de uma definição unívoca a seu respeito. Como se o autor operasse à maneira dos nativos, os quais tinham por hábito operar giros na língua inglesa trazida com os primeiros habitantes, fornecendo novas acepções a antigas palavras (ele mesmo o observa, aliás: "não se queixavam apenas de que os americanos tinham posto em uso muitas palavras novas [...] mas de que essas novas palavras eram particularmente tomadas seja do jargão dos partidos, seja das artes mecânicas, seja da língua dos negócios" [TOCQUEVILLE 2004, p. 75]), Tocqueville constrói uma obra cuja noção central, a qual figura no título, "democracia", não é fixada em um único sentido.[7] Não parece incorreto, porém, afirmar que toda a obra constitui o delineamento da noção de igualdade de condições, a qual na pena do autor também traduz democracia ou o princípio associado à revolução democrática, bem como o estado social que se opõe à aristocracia. Importa menos para Tocqueville a apresentação da gênese da sociedade – o que permite a ironia de Furet: "nenhum debate escolástico sobre as causas primeiras" (FURET 2010, p. XXV) – do que o modo pelo qual esse princípio a governa, influencia costumes e leis, cria opiniões e faz nascer sentimentos, permitindo-lhe julgar o princípio a partir dos seus efeitos. Afinal, como o parisiense caracteriza a sociedade democrática ou o estado social igualitário?

É primordialmente em contraste com a sociedade aristocrática que se precisa o que vem a ser a democrática:[8] o fruto de um movimento contínuo e permanente, nomeado "revolução", que opera nas extremidades, tornando as distâncias sociais entre os homens mais curtas, a ponto de aproximar todas as necessidades e todos os desejos, dos mais superficiais aos mais profundos. Voltando-se cerca de setecentos anos no tempo, a imagem que Tocqueville possuía da França era, segundo ele, algo semelhante a uma terra dividida entre um pequeno número de famílias que também tinha o direito de governá-la, transmitindo tal poder, juntamente com a herança, aos seus. O poder

---

7   Sobre as inúmeras acepções do conceito, ver especialmente o capítulo 19 "Some meanings of démocratie" (SCHLEIFER 2000, p.325-39).

8   Note-se que a oposição entre democracia e aristocracia formará um par conceitual que percorrerá a sua obra. Como afirma Jasmin, no capítulo dedicado a "O sistema conceitual de Tocqueville", esse par conceitual opera no nível da explicação acerca da constituição e natureza das modernas sociedades igualitárias. Análise corroborada por Lamberti, quem toma o par não como simples procedimento retórico, mas uma "verdadeira ferramenta intelectual" do método comparativo tocquevilleano, lançando luz sobre dois tipos de sociedade e, em consequência, sobre dois tipos de homem (LAMBERTI 1983, p.40).

associa-se, assim, à propriedade da terra. Com o tempo, "arruínam-se os reis nos grandes empreendimentos; esgotam-se os nobres nas guerras privadas; enriquecem-se os plebeus no comércio" (TOCQUEVILLE 2001, p. 8; DA, TI, "Introdução"). Não só o negócio constitui uma nova fonte do poder, como, disseminadas as luzes, a ciência passa a ser um meio de governo. As cruzadas e as guerras, afirma-nos o autor, dizimam os nobres e dividem as terras deles; os reis fazem participar do governo as classes inferiores, minando a força da aristocracia; a descoberta das armas de fogo proporciona as mesmas condições ao vilão e ao nobre no campo de batalha; a imprensa proporciona recursos iguais à inteligência de ambos; o correio bate à soleira do casebre e à porta dos palácios; o protestantismo anuncia que todos os homens têm igual possibilidade de encontrar o caminho do céu (cf. TOCQUEVILLE 2001, p. 10; DA, TI, "Introdução"). Com esse conjunto de fatores elucidativos, e não explicativos (em uma acepção positivista), o autor quer indicar que fatos provenientes de ordens diversas contribuem para que o valor determinante do nascimento esmaeça e, além disso, para que novos caminhos se abram para o povo – e não mais os servos – chegar ao poder em uma sociedade de igualdade de condições.

Tal aproximação entre os extremos sociais ou o movimento da igualdade das condições, portanto, nos setecentos anos resumidos por Tocqueville que dizia respeito à França, mas a ela não se restringia,[9] é de amplo benefício à democracia:

---

9   "A questão que levantei não interessa apenas aos Estados Unidos, mas ao mundo inteiro; não a uma nação, mas a todos os homens" (TOCQUEVILLE 2001, p. 367; DA, TI, p2, c9). Esse é um aspecto da obra do qual já tratamos, e que é, cumpre assinalar, bastante repetido pelos críticos, o de que todo o percurso de Tocqueville se faz a partir da sociedade estadunidense, mas com vistas aos desdobramentos políticos da França. Cohn afirma: "Ele sempre tem em mira outra coisa do que a letra sugere à primeira vista. Quando fala da América do Norte, pensa na França; quando fala na França, ao tratar das origens da revolução, adverte que não é simplesmente dela que se trata, mas de um processo universal. O cavaleiro entre duas épocas, entre dois mundos, entre duas impossíveis lealdades, não tem como fixar a atenção em uma sem invocar a outra" (COHN 2006, p. 249).

na França, os reis revelaram-se os niveladores mais ativos e mais constantes. Quando ambiciosos e fortes, trabalharam para elevar o povo ao nível dos nobres; quando moderados ou fracos, permitiram que o povo se colocasse acima deles mesmos. Uns ajudaram a democracia por seus talentos, outros por seus vícios (TOCQUEVILLE 2001, p. 9; DA, TI, "Introdução").

Não importa precisar qual seria a origem, a causa primeira, da igualdade de condições. Antes, caberia atentar para a sua orientação, o seu sentido, pois é essa a imagem que o autor dela retém: a época dos privilégios de nascimento e dos vínculos inabaláveis de submissão desfaz-se; a articulação, em cadeia hierarquicamente ordenada, entre "camponês e rei" é rompida; a sujeição pronta e servil é enfraquecida. A posição particular na qual os criados eram postos diante do amo desde a infância, a da obediência, bem como a ideia natural que dela advém, a de ser constantemente mandado, são revogadas. Agora esses elementos, servidores e amos, são postos lado a lado e é contestada a imutabilidade de um ordenamento calcado em prerrogativas dos nobres e na inferioridade dos servos. Inserindo-se como descontinuidade até se estabelecer como oposição à aristocracia, a democracia impõe um novo arranjo entre os homens,[10] movimento sintetizado pelo autor nas seguintes palavras: "A igualdade de condições faz do servidor e do amo seres novos e estabelece entre eles novas relações" (TOCQUEVILLE 2004, p. 223; DA, TII, P3, c5)]. Um arranjo artificial que remete ao fato de as desigualdades serem entendidas como situacionais e, portanto, não fixam e nem separam os homens na condição de seu nascimento, tampouco delas se criam ordens enrijecidas e intransponíveis. As condições são provisórias e contestáveis, ainda que as desigualdades não sejam abolidas.

---

10 É importante notar que embora Tocqueville apresente a sociedade democrática em oposição à aristocrática em muitos aspectos, há momentos da argumentação, especialmente quando a acepção da democracia é a de um regime político específico, nos quais ele apresenta a superioridade da nova forma social na mescla com a aristocracia. Por exemplo: "o panorama que a sociedade americana é, se assim posso me expressar, coberto de uma camada democrática, sob a qual vemos surgir de tempos em tempos as velhas cores da aristocracia" (TOCQUEVILLE 2001, p. 54; DA, TI, P1, c2).

É necessário frisar essa distinção analítica, pois nos enganaríamos se esse amplo movimento de igualdade das condições fosse enquadrado apenas no plano material. São também os desejos, os gostos, as necessidades, as paixões permeadas por esse nivelamento generalizado, por assim dizer, que arrebata o mundo – o mundo cristão, como Tocqueville o nomeia, aludindo a uma história geral, da porção ocidental do mundo –, de modo que não é possível suspendê-lo e tampouco parece ser possível estabelecer o seu fim. É um percurso, mas cujo destino não se alcança e tampouco se conhece, pois "por mais esforços que um povo faça, ele nunca conseguirá tornar as condições perfeitamente iguais em seu seio" (TOCQUEVILLE 2004, p. 168; DA, TII, P2, c13). Nesse ponto, então, é como se o nosso autor reconhecesse que a igualdade de condições não implica necessariamente igualitarismo e nivelamento, pois, mesmo sendo essa a direção,ela revela um sem-número de outras diferenças existentes. A igualdade plena, portanto, é algo como a tentação do impossível[11] e uma ideia insaturável:

> Eles [os povos democráticos] creem sem cessar que vão pegá-la, e ela escapa sem cessar de seus braços. Eles a veem bastante de perto para conhecer seus encantos, não se aproximam o bastante para desfrutar dela e morrem antes de terem saboreado plenamente suas doçuras. (TOCQUEVILLE 2001, p. 168; DA, TII, P2, c14).

---

11   Esse termo é emprestado do escritor Lamartine, que acusara Victor Hugo de ter criado uma ficção, *Os miseráveis*, repleta de homens ideais, de redenção mediante a luta e o sofrimento. Imperfeita realidade capaz de comover e de impulsionar a "tentação do impossível", convulsionando a sociedade. A tentação do impossível, ensaio do qual extraio estas informações, foi originalmente tema do curso lecionado por Vargas Llosa na Universidade de Oxford, em 2004 (LLOSA 2012). Em Tocqueville, o alvo é justamente os autores, contemporâneos dele, que negavam a igualdade de condições, preterindo-a como regime da desordem e o do nivelamento – temas que são matizados pelo autor.

QUANDO A POLÍTICA CAMINHA NA ESCURIDÃO 47

Na pena de Tocqueville, a igualdade é um processo, cujo curso é notável, perceptível, até mesmo estenografado na medida em que avança, mas não se apresenta de forma completa. É por ler na obra de Tocqueville a igualdade de condições como um objetivo fugidio e inatingível que Furet a apresenta como uma "norma": "[...] que explica por que Tocqueville passe tantas vezes da igualdade como estado social dominante, isto é, como norma, à igualdade como paixão, isto é, ao mesmo tempo como sentimento e como ideologia" (FURET 2001, p. XXXVIII).

"Como sentimento e ideologia", porque, aos poucos, a igualdade penetra no mundo social de modo que não há uma só opinião, um só hábito, uma só lei que não seja por ela expressa, como descreve n'*A democracia*. É como se, estabelecido e tido por fato antigo tal princípio, os níveis muito acima ou muito abaixo do que ele estabelece e o senso comum assente fossem terminantemente rejeitados. Se isso revela a constituição de uma opinião pública em oposição à vontade de um só homem ou à razão de poucos, também parece ser a intenção do nosso autor realçar a dinâmica determinante, a pujança da autoridade moral, por assim dizer, do princípio igualitário e da soberania do povo, apresentado por ele como um fato providencial, ou ainda como a marcha habitual da natureza. E quem se colocaria contra um movimento que é fruto da vontade divina? Quem desafiaria o curso traçado pelo Criador? Tocqueville parece assim pretender advertir os conservadores, os quais insistiam em associar ao mal a ideia do novo estado (TOCQUEVILLE 2001, p. 18; DA, TI, Introdução), incapazes assim de distinguir os males da ruptura associados à emergência do novo estado (a turbulência e a desordem, por exemplo) das benfeitorias que são por ele introduzidas (a independência dos homens).[12] Uma suspensão da hierarquia, da autoridade pétrea e da crença

---

12 Outra passagem poderia comprovar a nossa interpretação: "Eu sei que, em nossos dias, há muita gente honesta que esse futuro não espanta e que, cansada da liberdade, gostaria de repousar enfim longe das tempestades. Mas estes conhecem muito mal o porto para o qual se dirigem. Preocupados com suas lembranças, julgam o poder absoluto pelo que foi outrora, não pelo que poderia ser em nosso dias" (TOCQUEVILLE 2001, p. 367; DA, TI, P2, c9).

imutável é também notada na linguagem das democracias. Nas aristocracias, diz-nos Tocqueville, a língua mantém-se invariável, repousada, porque poucas coisas são novas nesse estado (cf. TOCQUEVILLE 2004, p. 76; DA, TII, PI, c16). Nelas, "as novas expressões que se criam têm um caráter culto, intelectual e filosófico". A ordem do discurso nas sociedades democráticas, em oposição, está em agitação constante: "forma-se grande número de ideias novas; ideias antigas se perdem ou reaparecem; ou então se subdividem em pequenas e infinitas nuances" (TOCQUEVILLE 2004, p. 76; DA, TII, PI, c16). Essas descrições nos fazem ver que uma nova configuração da sociedade, na qual se desloca o centro de poder e se perdem as origens dos homens, oferece também nova legitimidade bem como outros parâmetros na regência do discurso político. Ausente um "árbitro comum, não há tribunal permanente que possa fixar definitivamente o sentido de uma palavra, este fica em uma situação ambulante" (TOCQUEVILLE 2004, p. 78; DA, TII, PI, c16). Talvez por isso tantas fossem as acepções empregadas ao conceito democracia, pois, de outro modo, nada seria mais alheio às observações do autor do que petrificar um sentido para um movimento duradouro, crescente e irrefreável.

É a partir deste ponto que também poderíamos nos fazer outra questão: se a origem do princípio é inescrutável, se o advento, como o autor o afirma, "escapa ao poder humano" (TOCQUEVILLE 2001, p. 11; DA, TI, "Introdução"), em que medida caberia aos homens esse movimento? Em outras palavras, se a igualdade é um fato gerador, como compatibilizar seu traçado, composição da mão divina, com a vontade dos homens?

Ainda que o próprio Tocqueville seja responsável por criar no capítulo que abre a sua obra, cujo tema é a configuração exterior da América do Norte, uma atmosfera caótica, feito criação do mundo, da qual nos são fornecidas, com uma objetividade científica, a extensão dos vales, os limites das planícies em direção a cada um dos polos, a variedade das espécies vegetais, o nosso autor não perde a orientação do seu discurso: uma demonstração de uma ordem igualitária modelada pela ação dos homens. Não se trata, portanto, de mera descrição, razão pela qual aos poucos são iluminados os primeiros

QUANDO A POLÍTICA CAMINHA NA ESCURIDÃO

sinais de uma vontade fundamentalmente humana – em oposição à divina que imprimira no mundo um princípio igualitário.

Em uma terra inóspita, da qual são apresentadas as águas abundantes, a vegetação, os rios e solos americanos ["as águas aí serpenteiam como ao acaso; os rios se entrelaçam, se unem, se separam, voltam a se encontrar, perdem-se em mil pântanos, extraviam-se a cada instante no meio de um labirinto úmido" (TOCQUEVILLE 2001, p. 26; DA, TI, P1, c1)], não tardaria Tocqueville de transplantar as características do estado social – nivelado – ao ambiente registrado: "No interior desse imenso terraço não encontramos nem altas montanhas nem vales profundos" (TOCQUEVILLE, 2001,p. 26; DA, TI, P1, c1). É como se, aos poucos, paralela à descrição minuciosa da extensão do território, dos acidentes naturais, do temperamento dos rios ("o próprio Mississipi parece por um instante incerto sobre o caminho que deve seguir"), da fertilidade dos solos, das asas púrpuras das aves, do entrelaçamento dos galhos do álamo-da-virgínia com os do carvalho, enfim, o autor inserisse os primeiros "esforços da indústria humana" (TOCQUEVILLE 2001, p. 28; DA, TI, P1, c1). O quadro pintado ao gosto naturalista – de preponderante determinação – parece, assim, evocar seu elemento indissociável, as mãos humanas: "Era ali que os homens civilizados iriam procurar construir a sociedade sobre novos fundamentos e que, aplicando pela primeira vez teorias até então desconhecidas ou consideradas inaplicáveis, iriam dar ao mundo um espetáculo que a história do passado não o havia preparado" (TOCQUEVILLE 2001, p. 33; DA, TI, P1, c1).

É fundamental notar que, a despeito das variações, essa é uma tópica importante que se mantém em ambos os tomos d'*A democracia*, daí podermos dizê-lo um teórico da liberdade humana. Se analisarmos a longa crítica que Tocqueville faz na primeira parte do segundo tomo da obra ao movimento intelectual na sociedade estadunidense, avaliando-o a partir da literatura, das ciências e das artes, o autor aponta o erro dos historiadores das sociedades democráticas, ironizando-os até, ao atribuírem grande peso às causas gerais – como ele mesmo o fez, diga-se de passagem – negando, porém, as ações individuais e particulares "por ser difícil encontrá-la e acompanhá-la". Operando a oposição com as explicações históricas de cunho aristocrático, prossegue:"estando a atenção dos historiadores voltada a todo instante para os indivíduos, o encadeamento dos acontecimentos lhes escapa, ou antes, eles não creem em tal encadeamento. A trama da história parece-lhes, a cada instante, rasgada pela passagem de um homem" (TOCQUEVILLE 2004, p. 101; DA, TII, P1, c20). O mesmo não se passaria nas sociedades democráticas, nas quais "o historiador, vendo muito mais os atores e muito menos os atos, pode estabelecer facilmente uma filiação e uma ordem metódica entre estes" (TOCQUEVILLE 2004, p. 101; DA, TII, P1, c20). A imagem de ausência de tais atores até então retratada, isto é, a determinação da natureza e o desenrolar linear de um fenômeno a princípio sugerida, é dissipada quando o autor insere em sua composição os emigrantes ingleses. Destes, diz Tocqueville:

> Nascidos num país agitado desde havia séculos pela luta dos partidos e em que as facções tinham sido obrigadas, sucessivamente, a se colocar sob a proteção das leis, sua educação política fizera-se nessa rude escola, viram-se difundidas entre eles mais noções dos direitos, mais princípios de verdadeira liberdade do que entre a maioria dos povos da Europa (TOCQUEVILLE 2001, p. 37; DA, TI, P1, c2).

É certo que a sociedade estadunidense não teria de lutar, como a França, contra uma brutal desigualdade aristocrática, pois nela não havia nem grandes senhores, nem os muito ricos, nem os muito pobres. De fato, não fora uma revolução, como se passou na França, que instituíra o estado democrático (TOCQUEVILLE 2004, p. 7; DA, TII, P1, c1). Como afirma Tocqueville "os americanos tem um estado social e uma constituição democrática, mas não tiveram uma revolução democrática. Chegaram ao solo que ocupam mais ou menos como os vemos. Isso é considerável". No entanto, a singularidade desta comunidade, a igualdade como uma determinação, como um fato social, não pode suplantar a igualdade como uma escolha, uma construção e um "fato moral e político" (cf. LEFORT 1991, p. 220). Pois se havia um conjunto de necessidades – a ausência de aristocracia e o amplo território estadunidense, bem como a condição social, a religião e os costumes dos primeiros emigrantes ingleses – tudo o mais era indeterminação e foi, escolha dos fundadores, os primeiros cidadãos, fazer vicejar naquelas terras o princípio igualitário nas suas leis e instituições: "Entregue à originalidade da sua natureza, a imaginação do homem improvisava aí uma legislação sem precedentes" (TOCQUEVILLE 2001, p. 50; DA, TI, P1, c2). Em poucas palavras, ainda que seja o curso igualitário irrefreável, os homens podem conduzi-lo e, mediante artifícios, aplicar uma forma à sociedade. É preciso, então, ter em vistas o momento de seu nascimento, seu ato fundacional, para acompanhar os primeiros passos desse princípio de igualdade que, com o tempo, tomará a fisionomia do estado social e político estadunidense.

Os emigrantes ingleses expressam esse elemento de intencionalidade, pois queriam fazer triunfar uma ideia (sua liberdade, como o atesta um discurso feito por Winthrop, um magistrado que fora eleito diversas vezes governador do Estado):

> Não nos enganemos quanto ao que devemos entender por nossa independência. De fato, há uma espécie de liberdade corrompida, cujo uso é comum tanto aos animais quanto ao homem e que consiste em fazer tudo o que agradar. Essa liberdade é inimiga de qualquer autoridade [...] mas há uma liberdade civil e moral que encontra sua força na união e que é missão do poder proteger; é a liberdade de fazer sem temor tudo o que é justo e bom(*apud* TOCQUEVILLE 2001, p. 50; DA, TI, P1, c2).

Associada a essa ideia de liberdade, os emigrantes carregavam consigo a austera doutrina religiosa puritana que lhes fornecia o fundamento para a recusa da superioridade de um homem sobre outro e o amparo para o compromisso que então estabeleciam, o corpo da sociedade política.[13] Como se lê

---

13 Portanto, liberdade e igualdade estão associadas no ato fundador da nova sociedade. Não é desprovido de importância relembrar que, no segundo volume *d'A Democracia*, Tocqueville diz que há um ponto extremo no qual liberdade e igualdade se tocam e, mais que isso, se confundem – o que será discutido adiante. A análise mais densa so-

no excerto que nos serve de epígrafe, os primeiros habitantes americanos, os chegados da Inglaterra, defendiam uma cidade santa, da qual eram cidadãos. Tratava-se, portanto, de uma sociedade criada com base num pacto, menos um pacto hobbesiano, à sombra do medo, do que um pacto de cristãos, iguais perante a Deus. Como se lê nos registros do ato transcrito por Tocqueville:

> Nós, cujos nomes seguem e que, para a glória de Deus, para o desenvolvimento da fé cristã e a honra da nossa pátria, empreendemos estabelecer a primeira colônia nestas terras longínquas, acordamos pelo presente ato, por consentimento mútuo e solene, e diante de Deus, formar-nos em corpo de sociedade política(*apud* TOCQUEVILLE 2001, p. 43; DA, TI, P1, c2).

Realçando a intencionalidade dos piedosos aventureiros, instauradores de uma nova constituição, Tocqueville lança luz sobre o artifício humano na adaptação de uma ideia: fragmentadas em pequenos domínios, as terras puderam alimentar o colono e o proprietário, não permitindo que se constituíssem grandes riquezas e tampouco misérias absolutas. Divididas as propriedades fundiárias, elemento notadamente aristocrático, os privilégios transmitidos por heranças são enfraquecidos. Além dessa circunstância original, que não permitiu o estabelecimento de uma aristocracia, as leis e, em especial, a lei de sucessão, que inviabilizou o acúmulo de terras nas mesmas mãos, partilhando-a igualmente entre os herdeiros, fixam o princípio da igualdade. Como diz Tocqueville sobre as leis, elas "penhoram as gerações antes do nascimento destas", ou seja, elas asseguram um princípio que articula os homens ao longo da história. O comentário acerca dos princípios que repousam nas leis da Nova Inglaterra não é menos elogioso aos estadunidenses. Aproximando-os aos princípios gerais que ampararam as constituições modernas, o autor acentua que, na América, a intervenção do povo nas coisas públicas, o voto livre do imposto, o julgamento por júri, entre outros princí-

---

bre as junções e disjunções da liberdade e da igualdade, analisada capítulo a capítulo *n'A democracia*, é a elaborada por Claude Lefort (1991).

pios gerais, eram amplamente difundidos, ao passo que, entre os europeus, eles seriam mal compreendidos ou incompletos.

As leis também não permitiram que houvesse na América descrita por Tocqueville a formação de uma única classe ou um grupo privilegiado e ocioso que se dedicasse e detivesse exclusivamente os prazeres intelectuais ou que os transmitisse apenas aos seus, o que contribuiu para o estabelecimento de uma educação mediana e comum a todos. Assim, tanto pela ausência de posse exclusiva das luzes quanto pela ausência de concentração das terras, as inclinações aos princípios aristocráticos foram fracas e, na lei, foi recrudescido o princípio igualitário desde o início da sociedade estadunidense. É delineado assim o movimento inicial da igualdade, aos poucos, se insere em todas as esferas da vida, políticas ou não.

A TRAMA DOS TEMPOS SE ESGARÇA: A PAIXÃO PELA IGUALDADE

Poderia parecer que a igualdade de condições, inserida no seio da sociedade por "mão" providencial, forneceria uma história serena e definida. A imagem da democracia, cuja descrição até aqui acompanhamos, parece demasiado estática, mas seria um engano não atentar para o fato de que os desdobramentos do princípio da igualdade constroem uma história muito mais dinâmica e mergulhada em incertezas. Para abordar essas incertezas, o autor não economiza no emprego de construções e imagens paradoxais, as quais devolvem aos leitores o peso de assimilar as injunções de um processo tão complexo como o da emergência da igualdade de condições. O fato é que os homens dos tempos democráticos sentem pela igualdade uma paixão ardente, insaciável, eterna, invencível (cf. TOCQUEVILLE 2004, p. 117; DA, TII, P2, c1) que Tocqueville afirma ser, em meio a todas as outras paixões despertas na democracia, a "paixão principal" (TOCQUEVILLE 2004, p. 114; DA, TII, P2, c1). Até mesmo uma espécie de dogma constituído. Há uma ambiguidade em torno desse dogma, cuja explicação se articula inegavelmente ao argumento central deste trabalho. Tocqueville fornece tal explicação especialmente na segunda parte do Tomo II d'A democracia, intitulada "A influência da democracia sobre os sentimentos dos americanos", e é o exame mais detido desses capítulos que a partir daqui realizaremos.

Parece claro que essa paixão pela igualdade é muito mais intensa nas sociedades que experimentaram e enfrentaram uma desigualdade radical. De pronto, nossa atenção poderia se voltar para os povos europeus, que conheceram toda a sorte de veleidade e capricho das monarquias. A despeito de os estadunidenses não terem se voltado contra um governo absoluto, Tocqueville não nos deixa esquecer que o legado dessa paixão remonta à oposição a Carlos I, na Inglaterra seiscentista, de modo que os primeiros a aportarem tinham já inscritos em si a paixão pela igualdade, incrustada nos hábitos e nas menores ações. Paixão esta que, de tempos em tempos, encontra-se com a liberdade, especialmente nos momentos de abrupta ruptura. Em uma palavra, de revolução.

Ainda que o autor sustente que todos os povos democráticos tendem para um ponto no qual se confundem e se tocam a igualdade e a liberdade, a paixão pela primeira faz ver que são coisas distintas ["se bem que os homens não possam se tornar absolutamente iguais sem ser inteiramente livres (...) é razoável distinguir uma da outra" (TOCQUEVILLE 2004, p. 114; DA, TII, P2, c1)]. Para sondar tal distinção, Tocqueville caracteriza a liberdade e a igualdade em função dos males, dos prazeres, dos bens e das vantagens avaliados pelos homens democráticos. Os excessos da liberdade, segundo ele, são facilmente reconhecíveis e comprometem a tranquilidade, o patrimônio e a vida dos particulares. Os prazeres sublimes que ela traz são reconhecíveis apenas a certo número de cidadãos e os seus bens são sentidos apenas ao longo dos anos, embora dificilmente sejam atribuídos à liberdade. Por sua vez, a igualdade proporciona cotidianamente, argumenta o autor, pequenos prazeres a todos. De pronto são retidas as suas vantagens por cada um dos homens que a reconhecem como causa de sua ventura. Entretanto, os perigos trazidos pela igualdade só são notados quando os homens são muito vigilantes.

Na verdade, só quando tais perigos já alteraram a fisionomia da sociedade é que podem ser notados – talvez, então, o hábito já tenha modificado também a disposição dos homens, como se à matéria não fosse permitida outra forma, pois já se corrompeu. A ameaça à liberdade é notável, não se faz no silêncio da noite ou sem que todos a percebam. Mais ainda porque, presos aos prazeres e benefícios imediatos, os homens se precipitam como a um tesouro sobre a igualdade, como o autor explana:

> A paixão pela igualdade penetra de toda a parte no coração humano, estende-se nele, enche-o por inteiro. Não digam aos homens que, entregando-se de tão cega maneira a sua paixão exclusiva, comprometem seus mais caros interesses: eles estão surdos. Não lhes mostrem a liberdade que escapa de suas mãos, quando olham para outra coisa: eles estão cegos ou, antes, não percebem em todo o universo mais que um só bem digno de cobiça (TOCQUEVILLE 2004, p. 116; DA, TII, P2, c1).

Imersos na igualdade, cada homem busca senão em si mesmo a fonte das suas crenças e dirige para si os sentimentos. É que derrubado o Antigo Regime, já não há uma figura única (salvo, claro, a categoria "povo") que invoque a autoridade moral imanente ao seu lugar na estrutura social e política – como era o corpo do rei ou um corpo de nobres em uma sociedade hierarquicamente organizada –, pois todos os indivíduos se reconhecem como iguais.[14] Possuindo as mesmas luzes, a ação de cada um sobre a inteligência dos demais se torna restrita; a propensão de cada indivíduo é a crer senão

---

14 Nesse ponto é endossada a leitura de Lefort acerca da revolução democrática tal como caracterizada por Tocqueville. De modo sintético, a tese do filósofo visa discutir a intuição de Tocqueville no que tange ao desaparecimento de um fundamento da ordem social, o que caracterizaria uma "sociedade histórica" – a qual acolhe a indeterminação, não em sentido negativo, em sua própria forma. Isso não quer dizer que, estando incorporado na pessoa do príncipe, o poder pudesse ser dito sem limites. O fato a se ressaltar é "uma mutação de ordem simbólica, que atesta, o melhor possível, a nova posição do poder" (LEFORT 1991, p. 31), o qual torna-se um "lugar vazio", em termos tocquevilleanos, no sentido de impedir aos governantes que se apropriem, que sintetizem em seu corpo, o poder.

na própria razão.[15] Nas palavras do autor, "uma espécie de incredulidade instintiva pelo sobrenatural e uma ideia elevadíssima e, muitas vezes, exageradíssima da razão humana" (TOCQUEVILLE 2004, p. 10; DA, TII, P1, c1). Com o tempo, os homens democráticos acostumam-se a nada esperar de outros e à ideia de que tudo depende de si mesmos e dos próprios julgamentos ["portanto é, comumente, na origem das sociedades democráticas que os cidadãos se mostram mais dispostos a se isolar" (TOCQUEVILLE 2004, p. 124; DA, TII, P2, c3)]. Assim suspensos, voltam-se sobre si e se encerram em sua solidão. Se, por um lado, o homem democrático torna-se altivo por estar entre iguais, a contrapartida é a angústia causada pela insignificância e impotência diante do grande número. A independência que experimenta o homem democrático é, portanto, contígua à sua fraqueza e ao seu isolamento. Eis a ambiguidade desse novo estado de igualdade das condições. Entretanto, em algum lugar, o fundamento da autoridade moral dessa sociedade continuará existindo, pois, diz-nos o autor, a independência individual não é ilimitada. Assim, "a questão não é saber se existe uma autoridade intelectual nas eras democráticas, mas apenas onde está depositada e qual será sua medida" (TOCQUEVILLE 2004, p. 10; DA, TII, P1, c1). Nesse quadro, é a opinião da maioria que figura como essa espécie de força horizontal e de guia comum da razão individual, sem fazer que os homens sintam-se enfraquecidos, como expressa Tocqueville:

> essa mesma igualdade que o torna independente de cada um dos seus concidadãos em particular entrega-o isolado e sem defesa à ação da maioria. Portanto, o público possui entre os povos democráticos um poder singular, cuja ideia as nações aristocráticas nem sequer seriam capazes de conceber. Ele não

---

15 Seria um engano, entretanto, supor um deslocamento abrupto do caráter da obediência concomitante à contestação do fundamento da legitimidade. Tocqueville reconhece que há, durante a passagem de uma condição social à outra, um interregno ["um momento em que o espírito dos homens vacila" (TOCQUEVILLE 2004, p. 227; DA, TII, P3, c6)] no qual os homens não se sujeitam por uma obrigação, de certa forma, quase divina e tampouco tomam a obediência em seu aspecto puramente humano.

QUANDO A POLÍTICA CAMINHA NA ESCURIDÃO

persuade por suas crenças, ele as impõe e as faz penetrar nas almas por uma espécie de imensa pressão do espírito de todos sobre a inteligência de cada um (TOCQUEVILLE 2004, p. 11-2; DA, TII, P1, c1).

Acolher a opinião alheia, em alguma medida, é uma opção de resposta prática à impossibilidade de, nas democracias, penetrar profundamente em matérias distintas em busca da verdade. Mais que isso. A ideia de opinião da maioria é inerente à sociedade democrática, porque é uma sociedade não marcada por privilégios e, por definição, uma aristocracia não poderia se converter em maioria, assegurando as suas prerrogativas. Nela, na democracia, a soberania é do povo. É, portanto, por seu próprio princípio (por não defender uma constituição estreita e por amparar no "povo" a sua força) que não se oferecem garantias contra a ação da maioria. Assim, se essa porção de servidão concedida ao maior número, por assim dizer, pode ser aceita como instrumental, como uma espécie de artefato de composição de uma vontade em uma situação na qual a soberania pertence ao povo, o passo frágil é sempre conceder ao império moral da maioria a infalibilidade das decisões, permitindo a ação absoluta sobre os pensamentos que "se encarrega [a maioria] de fornecer aos indivíduos uma quantidade enorme de opiniões já prontas e os alivia assim da obrigação de constituir opiniões próprias" (TOCQUEVILLE 2004, p. 12; DA, TII, P1, c1). O autor ressalta que não se faz uso frequente, na sociedade política estadunidense, da tirania. Antes, que é difícil sair de seu círculo estreito de atuação no qual, sobretudo, o pensamento está encerrado ["não se descobre garantia contra ela" (TOCQUEVILLE 2001, p. 296; DA, TI, P2, c7)]. Tal ausência de garantia deve-se não apenas ao fato de constituir o fundamento da legitimidade nas democracias, mas ao fato de a maioria atuar sobre as vontades individuais. Se, na Europa, um rei possuía poder material e instrumental para atuar sobre as ações dos súditos, a maioria é uma espécie de silenciosa atuação sobre os desejos dos homens, uma atuação na alma, diz-nos o autor, que faz dispensáveis os grilhões e carrascos (cf. TOCQUEVILLE 2001, p. 299; DA, TI, P2, c7). Estamos acompanhando, assim, uma alteração de foco: a independência do grande número leva à imagem da multidão servil, pronta a perder a sua liberdade.

Além de buscar na própria razão a fonte de crença (que se crê individual, mas é da maioria), os homens nos países democráticos dirigem seus sentimentos para si próprios. A essa direção, dá-se o nome de individualismo, expressão surgida de uma nova ideia. Para compreender esse sentimento desconhecido das sociedades aristocráticas, mais uma vez, é preciso recorrer ao contraste com a outra ideia. Por oposição ao egoísmo, ou seja, um instinto cego, um amor apaixonado e exagerado, um vício, como o define Tocqueville, o individualismo é caracterizado como um juízo errôneo que nasce com a igualização das condições. Trata-se de um sentimento notadamente democrático, cuja fonte é o isolamento no qual se encontram os homens – pois, como sabemos, a democracia faz o homem esquecer os ancestrais, oculta os descendentes e separa os contemporâneos (TOCQUEVILLE 2004, p. 121; DA, TII, P2, c2). Contudo, ainda que o autor diga que o individualismo é um mal próprio ao coração humano nos tempos democráticos, caberia notar que é descrito como um "sentimento refletido" (TOCQUEVILLE 2004, p. 119; DA, TII, P2, c2). Inquietante adjetivação essa empregada pelo nosso autor. Afinal, por que haveria a necessidade de fazer esse conceito, o individualismo, afastar de um puro instinto, de uma paixão? Ou mais precisamente, a que se refere o seu teor de "reflexão"?

Analisando-se os três capítulos nos quais o conceito é o tema central, parece ser possível sugerir que se trata de um sentimento mediado pela reflexão, pois é uma espécie de proteção às paixões comezinhas trazidas pela pela igualdade, sejam estas, o ódio e a inveja.[16] É preciso prosseguir o exame

---

16 Nos rascunhos d'A democracia, é possível notar de modo nítido que o autor empreende uma argumentação (estruturada em torno de quatro afirmações: a) a democracia faz esquecer os ancestrais; b) faz esquecer os descendentes; c) ela separa os contemporâneos destruindo as classes e fazendo-os independentes uns dos outros; d) ocupam-se senão de si mesmos) mediante a qual pretende sustentar a relação entre individualismo como traço do caráter dos homens democráticos, o apagamento do vestígio que articula as gerações (uma relação com o tempo, portanto) e as duas

do individualismo com mais vagar, pois, do contrário, poderia parecer que Tocqueville está se referindo ao desenvolvimento do individualismo de modo geral, quando, na verdade, parece que estamos em mais um daqueles movimentos da obra, no qual Tocqueville parece desejar escrever a história da democracia justapondo-a à da Nova Inglaterra. Os homens democráticos, ocupados principalmente de si mesmos, notam que não devem nada a ninguém, bem como nada esperam dos outros. Pode ser que, assim isolados, acabem absorvidos da massa dos seus semelhantes, cercam-se de sua família e dos seus amigos, criando uma pequena sociedade em torno dos seus e formando "minúsculas igrejinhas" (TOCQUEVILLE 2004, p. 268; DA, TII, P3, c13). Trata-se de uma frouxidão dos vínculos e dos deveres que os homens estabelecem reciprocamente, sobretudo, de uma percepção equivocada acerca da relação entre o destino individual e o comum, deixando os homens entregues a um vácuo histórico, sem passado e sem futuro:

> nos povos democráticos, novas famílias saem sem cessar do nada, outras nele caem sem cessar, e todas as que permanecem mudam de fisionomia; a trama dos tempos se esgarça a cada instante, e o vestígio das gerações se apaga. As pessoas esquecem facilmente os que precederam, e não tem a menor ideia dos que sucederão. Apenas os mais próximos interessam (TOCQUEVILLE 2004, p. 120; DA, TII, P2, c2).

Com essa passagem, Tocqueville não pretende elaborar um discurso vaticinador, mas dar curso ao exame da configuração do poder político a partir da injunção do individualismo: uma vida permeada por um tempo de presente estendido, de absorção quase exclusiva na promoção dos interesses próprios e dos pequenos prazeres, amparada em disposição e juízos idiossincráticos. Todavia, devemos notar que esse não era um traço da sociedade sob análise do viajante, mas uma tendência, uma generalização antevista acerca das democracias que às disposições individualistas dos seus cidadãos unisse

---

paixões que a democracia faz nascer: o ódio e a inveja (cf. TOCQUEVILLE 2010, p. 881, nota a).

uma administração centralizada. Mantidos isolados e indiferentes uns aos outros, sob tal centralização que imprime um movimento regular e uniforme no tratamento dos assuntos comuns, que governa "sabiamente os detalhes da vida social" (TOCQUEVILLE 2001, p. 103; DA, TI, P1, c5), atenuando qualquer desordem e, sobretudo, mantendo a sociedade em um patamar estabelecido, em repouso, como se depura das seguintes linhas: "[a centralização administrativa consegue] manter a sociedade num status quo que não é propriamente nem uma decadência nem um progresso; entreter no corpo social uma espécie de sonolência administrativa que os administradores costumam chamar de ordem e tranquilidade pública" (TOCQUEVILLE 2001, p. 103; DA, TI, P1, c5).

Tocqueville compara tais homens a crianças tuteladas por serem abastecidos de salvaguardas, protegidos por direitos, mas cujo poder não se mantém nas próprias mãos. É inegável que estes homens estejam em um ambiente seguro, mas sua sorte é garantida por outrem que concentra em si o poder, por isso Tocqueville completa a analogia a uma criança resguardada caracterizando tal poder como um poder paterno. A ironia, então, é lançada às nações na Europa, em que o habitante mais se assemelha a um colono, indiferente à sorte de seu país. Uma imagem nítida do alheamento, da ausência do domínio de si:

> Afinal de contas, que me importa que haja uma autoridade sempre estabelecida, que zele para que meus prazeres sejam tranquilos, que corra diante de meus passos para afastar todos os perigos, sem que eu nem sequer tenha a necessidade de pensar nisso, se essa autoridade, ao mesmo tempo que tira assim os menores espinhos de minha passagem, for dona absoluta da minha liberdade e da minha vida? (TOCQUEVILLE 2001, p. 104-5; DA, TI, P1, c5).

Esses raciocínios nos indicam que, para o parisiense, haveria incompatibilidade entre um homem que se entrega às suas paixões, cercando-as como um servo (uma outra imagem correntemente aplicada que também remete à condição de tutela), e uma postura de quem pretende ser senhor da própria vida. O olhar dirigido somente ao imenso presente e às conquistas imediatas faz ver senão uma aparência de liberdade. Ou nas palavras do nosso autor, os homens se veem como livres, quando, na verdade, estão sob um "despotismo brando" (TOCQUEVILLE 2004, p. 388; DA, TII, P4, c6).

Para essa paradoxal figura um "déspota democrático", ressalta o autor, o sentido próprio das palavras são alterados e "bons cidadãos" [não] são senão aqueles que se encerram estritamente sobre si mesmos (TOCQUEVILLE 2004, p. 125; DA, TII, P2, c4) e não perturbam a administração amparada nas intenções de um homem só. Esse governante hábil que se ampara na pura vontade própria tem no isolamento dos homens da democracia, na ausência de vontade de juntar esforços para produzir a felicidade comum, em suma, na sonolência voluntária em que caem os cidadãos, a mais segura garantia de sua permanência. Quanto mais calados permanecerem os homens, maior será a impressão da ordem, de acordo com o autor, pois esse ser que se agiganta assegura o proveito e a sorte deles: provê a segurança, provê as necessidades, facilita os prazeres, as indústrias, cria um sem-número de regras minuciosas e uniformes (a funesta burocratização da vida moderna em todos os seus domínios) e, mesmo assim, aparece como um poder suave, cujas ações são assim descritas:

> Não quebra as vontades, mas amolece-as, submete-as e dirige-as; raramente força a agir, mas opõe-se sem cessar a que se aja; não destrói, impede que se nasça; não tiraniza, incomoda, oprime, desvigora, extingue, abestalha e reduz enfim cada nação a não ser mais que um rebanho de animais tímidos e industriosos, de que o governo é o pastor" (TOCQUEVILLE 2004, p.390; DA, TII, P4, c6).

Situados do outro lado do abismo, do tal governo despótico quase não avistamos mais a origem, o fato primeiro: foi a igualdade democrática que o favoreceu e que estabeleceu a naturalidade do poder absoluto: "os vícios que o despotismo faz nascer são precisamente os que a igualdade favorece.

Essas duas coisas se completam e se ajudam uma à outra de maneira funesta" (TOCQUEVILLE 2004, p. 125; DA, TII, P2, c4).

O fato a se ressaltar é, retomamos, a ambiguidade que cerca a inscrição do "princípio da igualdade" no mundo, o movimento em direção à igualdade de condições: por um lado, ela pode levar ao rompimento da figura da autoridade considerada ilegítima (como os ancestrais ingleses haviam feito com Carlos I), pode abrir um abismo e romper com uma ordem na qual a arbitrariedade do nascimento determina modos de vida profundamente desiguais; mas pode não colocar os homens como senhores de si mesmos. Ao contrário. Pode preparar o lugar do déspota. Portanto, há um passo sutil e pequeno na conversão da igualdade em despotismo, pois a primeira cria uma trama esgarçada de homens apenas postos uns ao lado dos outros. O despotismo, por sua vez, "ergue barreiras entre eles e os separa" e faz "uma espécie de virtude pública" da indiferença (TOCQUEVILLE 2004, p. 125; DA, TII, P1, c4).

Ora, tudo leva a crer que o francês estaria ecoando a afirmação de que, então, só haveria virtude nas sociedades aristocráticas, nas quais os cidadãos estão atados a uma trama espessa de relações e dependências mútuas, razão que leva tais homens a atos de grande devoção, saindo de si mesmos a cada dia e se ocupando dos interesses uns dos outros. É por essa razão que a escrita de Tocqueville se deixa penetrar por paroxismos e ambiguidades. Ainda que ele tenha, de certo modo, acusado nos povos democráticos o uso indiscriminado de palavras e ideias exageradamente genéricas, capazes de portar inúmeros sentidos (cf. TOCQUEVILLE 2004, p. 80), a sua escrita se faz em contornos amplos e ideias igualmente gerais, ao gosto da sua audiência. Se os homens democráticos parecem condenados a permanecerem na solidão de seu próprio coração, condenados aos vícios do egoísmo, não era este o resultado notado nos costumes da sociedade que Tocqueville tinha em mira. Nela, como já dissemos anteriormente, o individualismo era esclarecido e, portanto, facilitava um juízo que em vez de opor o interesse particular ao comumos articulava. O autor desafia o tom fatalista – e o que parece ser a tendência mais clara do estado social igualitário – ao afirmar que "a ideia mãe desse livro é diretamente contrária, pois eu parto irresistivelmente desse ponto quaisquer que sejam as tendências do estado social, os homens podem sempre mudá-las e descartar os males se apropriando das boas"(TOCQUEVILLE 2010, p. 695).

Depois do combatente, o legislador

Em tons de ironia ao fatalismo, diz o autor: "se os povos cujo estado social é democrático só pudessem permanecer livres se habitassem desertos, seria necessário desesperar a sorte futura da espécie humana, porque os homens caminham rapidamente para a democracia e os desertos se enchem" (TOCQUEVILLE 2004, p. 367; DA, TII, P4, c4). "Ironia", porque, ao mesmo tempo em que o autor oferece um sem-número de verdades acerca da democracia, ele elabora sobreposições que abrem verdadeiras polêmicas, sem resolvê-las. Mais do que isso. Uma figura linguística tal como a ironia leva-nos a notar o anti-dogmatismo na prosa tocquevilleana, pois é uma construção mediante a qual o autor se afasta das suas próprias linhas, lançando nesse vácuo o leitor, quem julga as suas linhas.[17] Trata-se, então, de se desvencilhar de qualquer resignação que possa ser mantida em sua pena e, sem o desprezo ou desespero que acompanham as rupturas, investigar quais contornos o próprio estado igualitário ofereceria para o mal que fazia nascer. Assim, a sociedade estadunidense permanece como a sua referência para perscrutar quais costumes virtuosos seriam notados entre os cidadãos democráticos. Na sociedade em questão, além dos direitos políticos, ele observou o combate do individualismo mediante "instituições livres", isto é, a criação de diversas associações civis, a circulação de ideias e o debate entre cidadãos por intermédio

---

17 Acerca dessa figura de linguagem na obra tocquevilleana, Guellec afirma: "Ela [a ironia] é um dos meios literários pelos quais o discurso político reconhece a sua ambiguidade, e, nesse sentido, se opõe a "má fé" inconsciente de si mesma" (GUELLEC 2004, p. 389). Sobre a ironia como um expediente na construção da obra, ver, especialmente, a Parte I do trabalho mencionado: "De la politique en littérature et de la littérature en politique: libéralisme et littérature de 1800 jusqu'à Tocqueville".

da imprensa, a participação nos órgãos administrativos de suas comunidades, no júri e na criação das leis, as quais – como observadas naquela sociedade – como "arte humana" (por oposição às tendências naturais da condição de igualdade) criam as condições necessárias para a realização da igual liberdade dos cidadãos. Nesse aspecto repousaria toda a força que o legislador, como aquele hábil artesão que confere forma a uma matéria – confrontando a inexorabilidade da corrosão do individualismo –, poderia aplicar ao curso da sociedade. Ainda que a trama que relaciona os homens seja frágil e se esgarce pela ação do tempo e intensificação do individualismo, Tocqueville notou que o legislador modelara a feição do estado social de tal modo que concedia aos homens muito mais que a representação da nação: oferecera a oportunidade de agir conjuntamente contendo esse efeito temporal.

Anteriormente, já foi discutido como as leis são essa espécie de influência irrevogável sobre o destino das gerações futuras, um "poder quase divino" (TOCQUEVILLE 2001, p. 57; DA, TI, P1, c3) que o legislador, ou o conjunto dos primeiros cidadãos reunidos na constituição daquela sociedade, possui quando imprime movimento à obra e, retirando dela as suas mãos, deixa-a atuar por forças próprias em direção ao objetivo comum estabelecido, a igualdade. Desse modo, o legislador age na concepção temporal fazendo que os homens tenham algum gosto pelo futuro e se desloquem das fruições imediatas. Tal operação se faz ao se dar vida a cada porção do território e, ao buscar em conjunto a satisfação de os seus desejos, esses cidadãos, que a igualdade fizera fracos e independentes, percebem a necessidade que possuem uns dos outros, restituindo de algum modo os seus laços:

> É difícil tirar um homem de si mesmo para interessá-lo pelo destino de todo o Estado, porque ele compreende mal a influência que o destino do Estado pode ter sobre sua sorte. [...] Portanto, é encarregando os cidadãos da administração dos pequenos negócios, muito mais do que lhe entregando o governo dos grandes, que se pode levá-los a se interessarem pelo bem público [...] (TOCQUEVILLE 2004, p. 127; DA, TII, P2, c8).

Os jornais figuram como uma dessas ocasiões em que, "sem atrapalhar os homens em seus negócios privados" (TOCQUEVILLE 2004, p. 137; DA, TII, P2, c6), um assunto comum é comunicado a todos. A ideia de um homem perdido na multidão é exposta aos outros olhares, dirigindo-lhes a atenção a uma mesma matéria e retirando-lhes de sua fraqueza individual. Os americanos, pois, não se reúnem apenas em associações comerciais e industriais, mas rotineiramente em favor de suas inclinações individuais: "se associam para dar festas, fundar seminários, construir albergues, erguer igrejas, difundir livros, enviar missionários aos antípodas; criam dessa maneira hospitais, prisões, escolas" (TOCQUEVILLE 2004, p. 131; DA, TII, P2, c5). Como uma espécie de técnica aplicada metódica e insistentemente, esses cidadãos aprendem nas associações a submeter a vontade própria à vontade de todos os outros e a subordinar à ação comum os seus esforços particulares (TOCQUEVILLE 2004, p. 143; DA, TII, P2, c7). Essa é a razão pela qual Tocqueville afirma que se associar é uma "ciência mãe" (TOCQUEVILLE 2004, p.135; DA, TII, P2, c5), uma matriz de ação conjunta da qual todas as outras derivam. Trataremos, no capítulo seguinte, como os costumes operam nessa estrutura de ação. Por ora, deixamos nas palavras de Tocqueville a ênfase na reversibilidade dos efeitos do individualismo:

> Imagine uma sociedade que a natureza, ou sua constituição, tenha organizado de maneira a suportar a ação passageira das leis ruins e que possa esperar sem perecer o resultado da tendência geral das leis e conceberá que o governo da democracia, apesar de seus defeitos, ainda é de todos o mais apto a fazer essa sociedade prosperar. É precisamente o que acontece nos Estados Unidos. Repito aqui o que já exprimi em outra ocasião: o grande privilégio dos americanos é poder cometer erros reparáveis (TOCQUEVILLE 2001, p. 271; DA, TI, P2, c8).

Os erros são reparáveis porque o "instinto" que isola os homens é contornado pelo artifício das liberdades locais ["é necessário, portanto, criá-las artificialmente" (TOCQUEVILLE 2001, p. 134; DA, TI, P1, c8)], traço distinto na constituição das comunidades da Nova Inglaterra. Em outras palavras, ainda que o individualismo lance os americanos em direção à satisfação do interesse privado e assim possa dirigir a maior parte das ações humanas, a consideração de Tocqueville é a de que ele não regula todas elas (TOCQUEVILLE 2004, p. 128; DA, TII, P2, c4). Deixado a si mesmo, talvez o interesse se convertesse em puro egoísmo, mas o autor argumenta que as instituições e os direitos políticos que possuem os cidadãos estadunidenses lembram-lhes de que vivem em sociedade, da ideia de dever e da utilidade com a qual cada um se oferece à sociedade.

Do eco de vozes que se ouvia em torno do advento da igualdade de condições, alguns não se demoraram em tomá-la como um primeiro mal. Também viam a liberdade que acompanha homens que não se veem mais subjugados como a capitulação da sociedade, a antessala da anarquia. Tocqueville se opõe a essa imagem e ressalta, na experiência americana, a necessária articulação entre liberdade e igualdade: "e eu digo que, para combater os males que a igualdade pode produzir, há um só remédio eficaz: a liberdade política" (TOCQUEVILLE 2004, p. 129; DA, TII, P1, c4). Articulação esta que se deveu às circunstâncias naturais americanas (a abundância das suas terras, a ausência de inimigos a combater, os seus primeiros habitantes, a religião destes) e, sobretudo, às leis e aos costumes. Tocqueville assevera que os europeus conferem importância despropositada à geografia do país quando se trata de discutir a duração das instituições democráticas. A comparação com outros países da América, com ventura semelhante no que diz respeito às condições naturais e físicas, não permitiria conferir a esse fator a causa do êxito da democracia estadunidense. Com efeito, ampara a razão da grandeza, de modo gradativo, em outro fator condicionante: as leis. Mas ao comparar o governo do leste, regular, forte e sábio, ao curso cambiante do oeste expressa sua dúvida em relação às leis: "aqui, todos os argumentos tirados da natureza do país e da diferença das leis faltam-me ao mesmo tempo. Cumpre recorrer a outra causa; e essa causa, onde eu a descobriria, senão nos costumes?" (TOCQUEVILLE 2001, p. 362; DA, TI, P2, c9). Os três fatores dirigem a democracia, mas os costumes exerceriam influência preponderante, pois extrairiam vantagens até das mais desvantajosas das leis, corrigindo-as. Afinal,

QUANDO A POLÍTICA CAMINHA NA ESCURIDÃO

se erro nenhum na democracia é irreparável, é porque os costumes, nessa sociedade de homens prudentes, podem indicar-lhe contornos mais precisos:

> A importância dos costumes é uma verdade comum a que o estudo e a experiência levam sem cessar. Parece-me que eu a encontro situada no meu espírito como um ponto central; percebo-a no termo de todas as minhas ideias [...] Se não consegui fazer o leitor sentir, ao longo desta obra, a importância, para a manutenção das leis, que eu atribuía à experiência prática dos americanos, a seus hábitos, a suas opiniões, numa palavra a seus costumes, falhei no objetivo principal que me propunha a escrevê-la (TOCQUEVILLE 2001, p. 363; DA, TI, P2, c9).

Se o objetivo principal da obra, como discutimos no início deste capítulo, era perscrutar o princípio da igualdade de condições, delineando o traço distintivo do caráter dos homens nas sociedades igualitárias, foram os costumes observados na América, como uma espécie de mito, que mais revelaram ao viajante francês como se confrontou o mal que a democracia fazia nascer. Na composição dessa imagem, o autor desenvolve o conceito da igualdade de condições, extraindo dele o fundamento moral mediante o qual seriam aproveitados os bens que a igualdade de condições poderia oferecer. As tendências de dissolução e os "infortúnios"[18] desse estado, como ressaltados nas páginas do estenógrafo, seriam evitados assegurando-se, ao mesmo tempo, os interesses de cada um, assunto que será analisado no capítulo seguinte.

---

18 Referência ao título da primeira tese defendida no Brasil sobre Tocqueville, de Célia Galvão Quirino, 2001.

CAPÍTULO 2

À tentação do abismo

Palavras têm espessuras várias: vou-lhes ao nu, ao fóssil,
ao ouro que trazem da boca do chão.

Manuel de Barros
O guardador de águas

Qui sert de lien à des éléments si divers? Qui fait de tout cela um
peuple? L'intérêt, c'est là le secret. L'intérêt particulier qui perce à
chaque instant, l'intérêt qui du reste se produit ostensiblement et
s'annonce lui-même comme une théorie sociale.

Tocqueville
Carta enviada a Ernst Chabrol, em 10 de junho de 1831

Aquele que se põe a delinear a igualdade de condições em solo americano não parece estranhar a imagem paradoxal por ele retida desses homens democráticos: tomados por intenso desejo material, sequiosos, eles são dados à parcialidade e ao egoísmo no mesmo instante em que zelam pelo interesse comum com inimagináveis renúncia e devoção. Paixão pelo bem estar e zelo pela liberdade unem-se e confundem-se "em algum ponto da sua alma" (TOCQUEVILLE 2004, p. 174; DA, TII, P2, c14), singularizando-os. Uma imagem dos costumes que fazem deles cidadãos e santos, tomando a expressão de Pocock.[1] Como cidadãos, sabem que é útil unir o interesse individual ao interesse do país; tomam, pois, uma parte ativa no governo da sociedade por estar também o bem pessoal ali implicado (TOCQUEVILLE 2004, p. 276; DA, TII, P3, c6). Como santos, livram-se da cupidez e inscrevem no mundo a ideia da igualdade, sem dispensar as tintas religiosas, disseminando na terra o amor à pátria como uma espécie de culto a que se apegam mediante as suas práticas (TOCQUEVILLE 2001, p. 79; DA, TI, P1, c4). Acostumados com o juízo elogioso que Tocqueville endereça aos homens da Nova Inglaterra, absolutamente grandioso em sua modéstia, causa inquietação ao leitor a seguinte formulação do francês, a certa altura d'A democracia:

> Essa gente crê seguir a doutrina do interesse, mas só tem dela uma ideia grosseira e, para zelar melhor pelo que chamam seus negócios, negligenciam o principal, que é permanecer donos de si mesmos (TOCQUEVILLE 2004, p. 172; DA, TII, P2, c14).

A "gente", a qual o francês se refere, seguiria uma doutrina fixa, não fosse ela desconsiderada pelo autor como mera ideia deturpada. Ideia que, fica sugerida do excerto destacado, associa-se à prática de perseguir os próprios negócios, o que na análise interna do texto equivale à busca de bem estar material, sem atentar para o "domínio de si".[2] Parece não restar dúvidas

---

1 A referência foi extraída do capítulo de John Pocock (ainda que destinada a outro contexto, o inglês seiscentista): "The anglicization of the Republic – Mixed constitution, saint and citizen", em *The machiavellian moment* (POCOCK 1975, p. 361-401).

2 Outras passagens da obra poderiam sustentar a centralidade que as ideias de independência (e não a se fazer o que se quer) e domínio de si possuem na composição da noção de liberdade tocquevilleana. Como exemplo: "[...] é difícil para o cidadão receber de fora sua regra. Esse gosto e esse uso da independência o seguem nos conselhos nacionais. Se aceita neles se associar a outros em busca da mesma meta, pelo menos quer permanecer senhor de cooperar para o seu sucesso comum à sua maneira" (TOCQUEVILLE 2004, p. 105; TII, P1, c21). A nossa interpretação é corroborada por Jean-Fabien Spitz, segundo o qual "[...] nesse sentido, ele [Tocqueville] é atado à manuten-

que o excerto revele que a autonomia nada tem a ver com o sacrifício dos negócios ou daquilo que convém (e interessa) a cada um. O que precisa ser investigado, a partir disso, é o que autor entenderia por interesse e em quais situações os homens poderiam persegui-lo mantendo-se independentes, o que equivaleria à manutenção da liberdade. Na economia do texto, a compreensão da noção de interesse e, especificamente, do conceito "l'intérêt bien entendu", tratado em dois capítulos, apenas se completa quando percorremos toda a segunda parte, tomo II, d'A Democracia na América, bem como as notas de preparação da obra. Isso porque a exposição da doutrina é ladeada por uma discussão acerca do individualismo nas sociedades democráticas, o tema central desta parte da obra. Esse percurso mais amplo nos permite recolher diversos elementos que evidenciam a inserção do termo "interesse" em uma discussão mais geral acerca de doutrinas morais, bem como sobre as condições de autoridade política em uma sociedade democrática, razão pela qual a argumentação ganha o tom contencioso.

O argumento elaborado por Tocqueville (na parte mencionada d'A democracia) visa a discutir a influência da democracia nos sentimentos dos americanos: parte-se da explicação das razões pelas quais os povos democráticos suspiram mais pela igualdade do que pela liberdade. De um ponto de vista instrumental, a liberdade é necessária e útil – e disso sabem os homens do novo estado social –, pois, na sua ausência, eles são impedidos de alcançar os bens tão desejados.

ção da ideia de que a independência em relação à dominação é o núcleo do conceito de liberdade" (SPTIZ 1995, p. 484). A contraposição a essa noção de liberdade, ainda de acordo com Spitz (2010), estaria no contemporâneo de Tocqueville, Charles Dupont-White. Em contexto de comentadores, a noção de liberdade compreendida como in dependência também é afirmada em Reis: "A ideia tocquevilleana de liberdade supõe, em primeiro lugar, a independência individual, que nada mais é senão o direito de não estar submetido a outrem [...]" (REIS 2010, p. 84). Essa distinção é importante, pois, no mais das vezes, compreende-se liberdade n'A democracia unicamente vinculada à noção de participação no governo, quase um epiteto da obra tocquevilleana, no contexto norte-americano pós-Guerra, que deixa de revelar as nuances do conceito. Jasmin também realça a autodeterminação como o sentido intrínseco da noção de liberdade (JASMIN 2005, p. 239).

Todavia, quando se acostumam com a prosperidade, é a ideia da liberdade que lhes escapa, tornando-se "arrebatados pelas conquistas", mantendo-se "fora de si", "sem atentar para o domínio de si", nos termos empregados pelo autor, os quais conotam o assentimento dos homens, em tal situação, ao domínio de outrem. Mais que isso e os tumultos, as agitações da liberdade são vistos como incômodos e interrupções ao prazer mais elevado que possuem tais homens: a fruição material. Reclamam a boa ordem, mas, nesse caso, o analista apenas atesta a escravidão dos homens na sociedade igualitária à sua paixão: "a paz pública é um grande bem; mas não quero esquecer que é através da boa ordem que todos os povos chegam à tirania" (TOCQUEVILLE 2004, p. 173; DA, TII, P2, C14) – eis dissipada a imagem de um Tocqueville arredio a qualquer agitação, e assinalado outro sentido de liberdade que se afasta da instrumentalidade, pois o autor a considera algo mais do que a pura garantia das satisfações individuais e a manutenção da ordem. Em tintas clássicas, o autor sustenta que o homem deve ser senhor de si e de suas paixões, em nome da própria liberdade: "uma nação que não requer de seu governo mais que a manutenção da ordem já é escrava no fundo do coração; é escrava do seu bem-estar, e o homem que a deve aguilhoar pode aparecer" (TOCQUEVILLE 2004, p. 173; DA, TII, P2, C14). Ocupados em seus negócios e em suas indústrias, o lugar do governo, na imagem tocquevilleana, permanece como um vazio (TOCQUEVILLE 2004, p. 172; DA, TII, P2, C14). Com efeito, não é de estranhar que, em cena pública assim rareada, alguns vejam apenas o espaço para dar cabo a suas ambições privadas no governo. São usurpadores, na verdade, pois agem de acordo com a própria vontade, não de acordo com a vontade dos governados. Ao leitor, não passa despercebida a sombra de um Napoleão sendo repudiada nas seguintes linhas: "só eles agem no meio da imobilidade universal; eles dispõem, segundo seu capricho, de todas as coisas, mudam as leis e tiranizam a seu bel-prazer os costumes" (TOCQUEVILLE 2004, p. 173; DA, TII, P2, C14), e falam, tal como num ensaio teatral, a uma plateia-nação inexistente, alheia ao destino comum.

Estaríamos, assim, diante de uma possível leitura ao excerto mencionado: a "gente" referida e de cujas ações ele extrai a sua análise não seria senão exclusivamente o povo estadunidense, o que poderia ser inferido até mesmo do título do capítulo 14 d'A democracia, "Como, nos americanos, o gosto pelas

QUANDO A POLÍTICA CAMINHA NA ESCURIDÃO

fruições materiais se une ao amor à liberdade e à preocupação com os negócios públicos[3], na sequência dos capítulos que abordam especificamente a doutrina do interesse bem compreendido. Porém, parece ser possível avançar a interpretação afirmando que o autor opera um deslocamento do ponto observado e, com tal movimento argumentativo, amplia o alcance das suas análises. Tal ampliação seria marcada por evidente ruptura, expressa na seguinte sentença, a qual inicia um novo momento na argumentação do autor: "De fato, há uma passagem perigosíssima na vida dos povos democráticos" (TOCQUEVILLE 2004, p. 172; DA, TII, P2, C14).

A ruptura na prosa ocorre quando o parisiense passa a dissertar sobre as implicações das fruições materiais para a vida política de um povo que não se habituou à ideia de liberdade. É introduzida, desse modo, uma das imagens mais nítidas acerca do despotismo nestas mesmas sociedades modernas, cujo poder "é minucioso e casuístico" (TOCQUEVILLE 2004, p. 171; DA, TII, P2, C14). Não é só a caraterização do poder a partir da figura de um todo-poderoso hábil e, com isso, uma mera denúncia o que cabe ao autor. Antes, dirigindo-se a esse sujeito moral democrático, leitor imaginado de suas linhas, é propriamente a constituição de uma tal estrutura de poder, isto é, a partir da disposição individual dos homens destas sociedades, retratada com tamanho realismo:

> Quando o gosto pelas fruições materiais se desenvolve num desses povos mais rapidamente do que as luzes e os hábitos da liberdade, chega um momento em que os homens ficam arrebatados e como que fora de si, ao verem esses novos bens

---

3   A temática da associação entre liberdade e indústria, que remete inegavelmente à Montesquieu, é desenvolvida no Capítulo 14, da Parte 2, do Tomo II. Os críticos, porém, reputam tal associação à leitura da *História de Florença*, de Maquiavel, quando Tocqueville esteve na Suíça, em 1836. Entre as notas tocquevilleanas teria sido encontrada a cópia de um fragmento de uma carta do florentino, da qual Tocqueville teria assinalado alguns trechos nos rascunhos do capítulo, o que pode ser conferido na edição crítica da obra (TOCQUEVILLE 2010, p. 950), funcionando como esteio das considerações acerca da relação entre os temas mencionados.

de que estão prestes a se apoderar [...] O exercício de seus deveres políticos lhes parece um contratempo incômodo que os distrai de sua indústria [...]" (TOCQUEVILLE 2004, p. 172; DA, TII, P2, C14).

É a partir dessa consideração que o autor afirma a falta grave que esses homens cometem contra a própria liberdade: pensam-se livres e seguindo a doutrina do interesse, mas mantêm-se imersos em uma ideia grosseira de interesse.

O emprego de "povos democráticos", isto é, de uma generalização impressa na prosa tocquevilleana nos afasta da falsa impressão de que o parisiense descrevia a Nova Inglaterra e ali encerrava os seus propósitos. Não seriam exclusivamente os americanos, como se depreende do título, aqui tematizados, mas todos aqueles povos que estabeleceram o novo estado social de igualdade de condições, os quais, "preocupados unicamente em fazer fortuna" (TOCQUEVILLE 2004, p. 172; DA, TII, P2, C14), poderiam deixar de notar o vínculo entre a fortuna particular de cada um deles e a prosperidade de todos. Como pensar essa abertura a uma consideração geral acerca dos interesses nos povos democráticos, a partir da tematização da doutrina do interesse bem compreendido, observada entre os estadunidenses? Se a paixão pela igualdade poderia implicar a irrevogável dissolução entre a liberdade e a igualdade, pois se trata de um "círculo fatal a que as nações democráticas são impelidas" (TOCQUEVILLE 2004, p. 177; DA, TII, P2, C15), os costumes americanos mostrariam justamente como, uma vez inscrito o princípio igualitário, os obstáculos – sempre presentes nas democracias – eram "felizmente evitados" (TOCQUEVILLE 2010, p. 952) na Nova Inglaterra mediante um conjunto de disposições, uma doutrina racionalizada das ações. Se estivermos corretos em nossa hipótese, redarguimos que deve ser notado que os costumes americanos serviam de um modelo de análise para a moral no estado de igualdade, como era, na verdade, parte do esforço tocquevilleano investigar tudo o que dissesse respeito às consequências e natureza do novo estado social.

Desse modo, ainda que apenas em dois capítulos a doutrina do interesse seja tratada, esse não seria um tema menor e nem casual a sua

QUANDO A POLÍTICA CAMINHA NA ESCURIDÃO 75

abordagem, visto que acercá-lo poderia nos levar a compreender o fundamento moral da ação política dos homens no estado social que substituía a ordem aristocrática.

Para Pierre Manent, aliás, o fato de dois capítulos d'*A Democracia* apresentarem como tema central justamente a doutrina do interesse bem compreendido salientaria a importância do objeto no argumento tocquevilleano (cf. MANENT 1993, p. 167). Se significativos, aos olhos de Manent, exatamente por serem dois capítulos destinados à questão, Martin Zetterbaum (cf. ZETTERBAUM 1967, p. 101) adverte que, embora apenas dois capítulos sejam destinados à doutrina do interesse bem compreendido, a importância do tema não deveria ser concluída de sua extensão na obra. Sem fazer desse tema o núcleo d'*A democracia*, convém assinalar o consenso entre alguns dos principais comentadores do autor (entre eles, Manent, Zetterbaum, Schleifer, Spitz, cujas obras são mencionadas ao longo do texto) acerca da importância que a doutrina do interesse tem na obra do autor.

Ora, a compreensão do lugar ocupado pela doutrina na economia do texto é parte importante da análise, mas se estivéssemos atentos apenas para a "ordem dos argumentos" e presos à exegese dos capítulos, não seríamos levados a notar que o tom da asserção do nosso autor, ao qualificar a doutrina do interesse, é contencioso. Assim, o emprego do adjetivo "bem compreendido" ao interesse permite investigar no interior de quais outras linguagens políticas da história o interesse (ou doutrinas do interesse) não o seria. Mais que isso, ao pensar a doutrina do interesse bem compreendido como "essa espécie de grandeza e felicidade que nos é própria", o autor não estaria senão inclinando a sua pena descritiva para uma prosa normativa. Nessa passagem sutil, de certo modo, da autoria para a atuação política parece ficar clareada a hipótese que delineamos no capítulo anterior, a América fornecia o conceito e o mito de uma sociedade que frágil e venturosamente sustentava o equilíbrio entre a liberdade e a igualdade, amparando a moral na associação entre o interesse e a virtude. Com isso, o intento do francês não parece ser a mera descrição empírica da América, mas o destaque de uma teoria social cujo propósito é, em parte, normativo, ao lançar luz sobre os princípios dessa moral esclarecida, a saber, o interesse, a virtude e a liberdade, e apresentá-los como referência para a moral do novo estado social.

O argumento que desenvolvemos nas seções seguintes compreende um esforço inicial de recusa de sentidos usuais do termo "interesse", mediante o qual inserimos Tocqueville em um debate mais amplo acerca de doutrinas morais do interesse, a partir das três acepções de interesse por ele esboçadas nas notas de preparação *d'A democracia*, fontes fundamentais para compreendermos como esse tema se insere na estrutura da obra. Circunscritas as objeções às doutrinas discutidas por Tocqueville, no primeiro movimento do texto, o emprego da expressão adjetiva "bem compreendido" parecerá menos fortuito. No segundo momento da argumentação, nos debruçamos sobre o próprio conceito de "interesse", a fim de não projetarmos a acepção usual e dicionarizada sobre o nosso objeto, perscrutando-o em algumas obras do pensamento político como se tal indicação pudesse, no conjunto, configurar certa tradição ou uma linguagem dos interesses. Não nos parece menos importante a tentativa de compreender o advérbio "bem" empregado ao termo. Quando nos detivermos, por fim, na doutrina do interesse bem compreendido, no terceiro momento do capítulo, enfatizaremos nela certa relação entre a virtude e o interesse. Se esses conceitos podem ser contrastantes em muitas obras na história do pensamento político – e os trabalhos de certos comentadores reiteram a leitura em chave excessivamente polarizada, como discutiremos adiante – na pena de Tocqueville estão articulados na doutrina mencionada. Sobre isso, não deixam dúvidas as notas de preparação da obra, como mencionamos na Introdução, nas quais o autor revela: "Nas épocas democráticas, argumenta-se que a virtude e o interesse estão em acordo" (TOCQUEVILLE 2010, p. 920, nota g), afirmando, em seguida, a necessidade de recorrer ao caso da América para lançar luz sobre esse ponto essencial.

O fato do autor se dirigir a uma sociedade democrática é condição necessária do estabelecimento dessa doutrina, a qual se aparta da beleza do esquecimento de si, como fundamento da virtude, e adquire traços de utilidade. Para tanto, o francês recupera de passagem Montaigne – em rara apresentação das suas fontes –, a quem a virtude da "renúncia de si" não se remetia senão à busca da glória dos céus. Isso permitiu a Tocqueville vincular estritamente uma doutrina moral elevada e amparada na renúncia de si às sociedades aristocráticas e, com isso, abrir a sua investigação sobre a virtude que é própria às sociedades democráticas. Com isso, nesse movimento, não poderíamos ignorar a semelhança com a construção "Da glória", nos *Ensaios*, de Montaigne.[4] Se nossa hipótese interpretativa estiver correta, a acepção de virtude contida na nova espécie de dedicação ao bem público figurada na doutrina do interesse bem compreendido é o elemento fundamental da alteração de sentido pretendida nas doutrinas morais, permitindo-nos apresentá-la não apenas como uma categoria descritiva, mas como um conjunto de princípios normativos para as sociedades democráticas, como será argumentado no último movimento do artigo. É verdade que isso abre uma segunda ordem de investigação cujo núcleo de problematização, ao estudarmos Tocqueville como um filósofo político normativo, para seguirmos a tradição interpretativa aberta por Pierre Manent (1993), estaria justamente na dificuldade de operar uma generalização a partir da análise de uma experiência circunscrita temporal e historicamente. Atentas a essa ordem de objeção, tentaremos oferecer uma resposta com considerações à prosa tocquevilleana, nas considerações finais do texto.

DOUTRINAS DO INTERESSE

O indício mais contundente de que, ao analisar a doutrina do interesse bem compreendido, Tocqueville mirava, em parte, a composição de um debate sobre doutrinas morais é textual e se encontra em um fragmento dos rascunhos *d'A democracia na América*.[5] Nesse fragmento, Tocqueville explicita que para atingir o seu objetivo (no Tomo II, Parte II,

---

4   Devo as observações desse capítulo específico dos *Ensaios* ao debate com Marcelo Jasmin.

5   Sobre o uso dos rascunhos *d'A democracia* é importante lembrar que sobre eles já havia se debruçado o professor Marcelo Jasmin e as suas conclusões encontram-se em "Interesse bem compreendido e virtude em *A democracia na América*" (JASMIN 2000, p. 71-87). Ainda que por caminhos diferentes e se a leitura não for equivo-

capítulo VIII) era preciso "estabelecer distinções entre as diferentes doutrinas do interesse" (*tradução nossa*, TOCQUEVILLE 2010, p. 923, nota n). A partir disso, o autor esboça três doutrinas que, em comparação, oferecem o sentido de uma quarta, a doutrina do interesse bem compreendido.

A primeira das doutrinas exposta pelo francês consistira na crença de que os interesses dos outros devem ser rebaixados diante dos interesses que concernem exclusivamente a si, e que seria razoável e natural perseguir senão os últimos. Trata-se, nas palavras do autor, de rude egoísmo, razão pela qual apenas com muita concessão mereceria o nome de doutrina (cf. TOCQUEVILLE 2010, p. 924). A esse comportamento de egoísmo grosseiro, que mal mereceria um lugar entre as teorias do interesse, Tocqueville confrontará com o "egoísmo esclarecido", ao discutir a doutrina do interesse bem compreendido.

Após a indicação dessa doutrina de egoísmo instintivo, haveria também a doutrina da utilidade, com a qual, insiste Tocqueville, a doutrina do interesse bem compreendido "não deveria ser confundida", pois, ainda que nessa esteja contido certo traço da utilidade, não se trata de uma doutrina inteiramente definida (ou cujo fundamento último) pela utilidade (cf. TOCQUEVILLE 2010, p. 924).

Por fim, está a doutrina mais pura e elevada, menos material, cujo fundamento seria o dever. Trata-se, nas palavras do autor, de uma penetração do homem por sua inteligência no pensamento divino, de modo que ele percebe que o objetivo de Deus é a ordem e se associa livremente ao Seu desígnio (cf. TOCQUEVILLE 2010, p. 924). Note-se que um traço característico dessa doutrina essencial é a insistência na necessidade de extirpar as paixões. Um controle tal como, poderíamos nós elucidar, o retratado por Prudêncio[6] nas suas alegóricas batalhas cristãs, nas quais, as virtudes, devidamente personificadas, sempre vencem os vícios (a *Fé* detém a *Idolatria*, a *Paciência* subjuga

---

cada, em comum, afirmamos que Tocqueville reelabora o princípio da virtude em termos modernos.

6   Referência ao poema de Aurelius Prudentius (348-410), Psychomachia, escrito em torno do século V (também analisado por HIRSCHMAN 2002).

QUANDO A POLÍTICA CAMINHA NA ESCURIDÃO

a *Ira*, a *Humildade* suplanta o *Orgulho*, a *Caridade* debela a *Avareza*); as virtudes são interpretadas ali como o controle do homem sobre algo que lhe escapa. Essa doutrina, para Tocqueville, ensina o homem a morrer, visto que as suas recompensas encontrar-se-ão em outro mundo, em oposição à doutrina do interesse bem compreendido, contrastante com as anteriores, que faz o homem aprender a viver no presente, pois a realização de seus interesses está na terra. À diferença entre a terceira e quarta doutrinas, central no argumento do autor, voltaremos adiante.

Além destas notas que constam na edição crítica *d'A democracia*, outra evidência textual de que Tocqueville pretendia, entre outros propósitos da obra, circunstanciar diferentes doutrinas morais pode ser encontrada na "Introdução" *d'A democracia*. Parece-nos razoável supor que aos utilitaristas, "paladinos da civilização moderna", Tocqueville se volta ao afirmar que "em nome do progresso, esforçando-se por materializar o homem, querem encontrar o útil sem se preocupar com o justo, a ciência longe das crenças e o bem-estar separado da virtude" (TOCQUEVILLE 2001, p. 18; DA, TI, Introdução). Tal objeção às doutrinas morais apresentadas pelo francês permite sustentar que o adjetivo "bem compreendido" [*bien entendu*], empregado à doutrina, não é fortuito e se associaria a uma moral justa que se ampara nas crenças (ou nos costumes) e na qual a garantia do bem estar não se aparta da virtude. Não nos parece equivocado supor que ele também lança suas críticas aos argumentos contrarrevolucionários, nos quais se recusa o novo estado social, opondo-se, assim, aos coveiros do Antigo Regime: "a civilização os tem por adversários: eles confundem os abusos desta com as benfeitorias que introduz e, em seu espírito, a ideia do mal está indissoluvelmente unida a do novo" (TOCQUEVILLE 2001, p. 18; DA, TI, "Introdução").

Ora, qual seria o sentido para o francês de se inserir em um debate sobre doutrinas do interesse? Na "Advertência", Tocqueville afirma que "a democracia não pode dar os frutos que os homens esperam senão em combinação com a moralidade", bem como nas anotações do plano de trabalho do Tomo II *d'A democracia* lê-se que "a doutrina do interesse bem compreendido é a doutrina filosófica que a igualdade faz nascer" (TOCQUEVILLE, 2010:

759, nota a) e "esse mesmo estado social fez com que os homens adotassem a doutrina do interesse bem compreendido como regra principal de vida" (TOCQUEVILLE, 2010: 759, nota a). Essas duas proposições encontradas nas anotações para *A democracia* nos permitem sugerir que, com esse movimento, o autor pretendia entender o fundamento moral da ação concertada dos homens em um estado social democrático, no qual não se estabeleciam vínculos necessários e permanentes entre os homens, originados do seu nascimento.[7]

Não por menos, como já afirmamos, a discussão acerca da doutrina é inserida na Parte II, no Tomo II, *d'A democracia*, na qual Tocqueville visa discutir os efeitos da democracia sobre os sentimentos dos americanos, partindo da explicação das razões pelas quais os povos democráticos são menos zelosos na defesa da liberdade. Concentrados exclusivamente na prosperidade material e na defesa obstinada da igualdade, é a ideia de liberdade que lhes escapa, tornando-se "arrebatados pelas conquistas", mantendo-se "fora de si", "sem atentar para o domínio de si", nos termos empregados pelo autor, os quais conotam o assentimento dos homens, em tal situação, ao domínio de outrem. A fruição material é sentida como o prazer mais elevado desses homens, razão pela qual não desejam senão a paz pública e a tranquilidade. Reclamam a boa ordem, mas, nesse caso, o analista apenas atesta a escravidão dos homens na sociedade igualitária à sua paixão: "a paz pública é um grande bem; mas não quero esquecer que é através da boa ordem que todos os povos chegam à tirania" (TOCQUEVILLE 2004, p. 173; DA, TII, P2, C14). Em tintas clássicas, o autor sustenta que o homem deve ser senhor de si, em nome da própria liberdade: "uma nação que não requer de seu governo mais que a manutenção da ordem já é escrava no fundo do coração; é escrava do seu bem-estar, e o

---

7   Propósito este que não se esgotaria com *A democracia*, mas que constituiria a sua matéria de trabalho nos anos seguintes da década de 1840. É que Tocqueville aceitará a tarefa proposta pela Academia de Ciências Morais e Políticas de escrever sobre as doutrinas morais do século XIX, que deveria resultar no "L'etat des doctrines morales au dix-neuvième siècle et sur leurs applications à la politique et à l'administration", tarefa qualificada como "desesperante imensidão" (TOCQUEVILLE, 1908: 17), por seu tema. Tal ofício lhe renderá a amizade (e auxílio na pesquisa, especialmente para a literatura alemã sobre o assunto) de Arthur Gobineau.

homem que a deve aguilhoar pode aparecer" (TOCQUEVILLE 2004, p. 173; DA, TII, P2, C14).

Segue-se, então, o argumento já bastante conhecido de Tocqueville: além de certo arranjo institucional e das leis, profusamente discutidas no tomo I de sua obra, a análise minuciosa do autor nos indica que a preservação do estado social democrático dependerá de alguma disposição ativa presente no costume dos homens, a qual evita a degeneração da democracia em despotismo e garante a liberdade.

Desse modo, se a igualdade era o princípio do novo estado social e, na verdade, se tal princípio se convertia na maior paixão dos homens dessa sociedade – desejando-a até mesmo em situações nas quais a liberdade era sacrificada – eles não seriam levados à desordem moral (e tampouco a república privava-os de seu interesse pessoal),[8] justamente porque essa doutrina observada levava-os a bem compreender os seus interesses. Isso é registro do autor enquanto historiador. Ao mesmo tempo, o interesse bem compreendido é apresentado como uma regra principal da vida notada entre os estadunidenses, cujos princípios permitiriam ao autor delinear um fundamento moral para as sociedades democráticas, como argumentaremos adiante.

Não parece menos acertado afirmar que, ao explicitar o debate com outras doutrinas morais, é ao próprio conceito de interesse, um "conceito essencialmente contestado",[9] que Tocqueville sugere um novo sentido. Afinal, de quantos sentidos pode se revestir esse conceito nesse período? Um campo de possibilidades e camadas semânticas é o que pretendemos abrigar na próxima seção, menos por termos uma definição incontestável do sentido do conceito ou por supormos alguma linearidade histórica, mas por um procedimento crítico de reconhecimento da historicidade do conceito e projeção

---

8   Quanto a esse ponto, é irretocável o argumento de Spitz ao examinar o modo pelo qual Tocqueville cinde a "alternativa simplista e primária entre a liberdade negativa e a positiva" (SPTIZ 1995, p. 475-90).

9   Acerca das disputas em torno do estabelecimento de um sentido para um termo que esteja em questão, a nossa referência é ao trabalho do filósofo Walter Gallie (GALLIE 1956).

daquilo que certamente o conceito de interesse não poderia significar. Em outras palavras, reconhecemos que a narrativa que exploraremos nos afasta de uma definição e que se trata mesmo de um procedimento negativo de afirmação daquilo que um termo não pode ser, o que se faz em nome da recusa a qualquer abrigo dicionarizado e à devolução das camadas historicamente solidificadas, no conceito e nas linguagens políticas da história que o acolhe, assim, afastando-nos do imediatismo de alguns sentidos. É certo que o significado do conceito de interesse ficaria mais bem elaborado se as disputas estabelecidas no século XIX em torno de sua demarcação fossem minuciosamente clareadas. A narrativa que empreendemos na seção seguinte, portanto, possui a limitação de não oferecer tal reconstituição completa, uma vez que visamos tão somente a indicar a tensão e recobrar a contínua mudança do termo, bem como algumas das críticas e avaliações às quais o conceito "interesse" foi permanentemente submetido, sobretudo em tempos de ampla circulação dessa palavra de inúmeras acepções.[10]

Entre finais do século XVIII e início do XIX, foi possível sondar o campo mais próximo a Tocqueville e identificar que uma das prioridades dos homens daquele período era justamente pensar o modo pelo qual deveriam ser relacionados os indivíduos em uma sociedade que não mais conhecia laços fixos e imutáveis de pertencimento e que tampouco oferecia um único fundamento para a composição da autoridade social e política. O abismo era a imagem amplamente empregada no período e fazia referência não só à fúria dos eventos revolucionários, mas à desconcertante passagem para o novo estado social igualitário, uma mutação de uma ordem aristocrática para um estado social democrático. Tal passagem não se deu sem que discursos produzidos em linguagens políticas distintas a avaliassem e rondassem ansiosamente o futuro, na urgência de "terminar a Revolução". A

---

10 O emprego do termo "narrativa" para esse argumento, desenvolvido na próxima seção, sugere a dinâmica pela qual diferentes linguagens políticas do tempo sinalizaram e disputaram o emprego do conceito, tal como já argumentamos na Introdução deste livro. O termo deve-se ainda à nossa reserva de chamar o argumento elaborado de "contexto" reconstituído, pois, de fato, não equivale às elaborações que nos são modelares: especialmente as de John Pocock, em *The machiavellian moment* (1975).

QUANDO A POLÍTICA CAMINHA NA ESCURIDÃO

ideia de que os interesses dos indivíduos mais a ausência de um fundamento moral comum a todos os homens estreitariam todos no puro egoísmo e tornariam os homens indiferentes aos demais, produzindo uma ordem política marcada pelos interesses individuais parecia ser disseminada em distintos discursos políticos, dos conservadores aos progressistas (como acompanhamos no capítulo I). Com efeito, o que essa crise poderia revelar é que o idealismo de uma vida virtuosa não havia sido completamente suprimido, de modo que o complexo diálogo entre os interesses e as virtudes perdurou neste período (cf. ARMITAGE; CONDREN; FITZMAURICE 2009, p. 10).

Assim, o que tentaremos perscrutar, na seção seguinte, são as camadas semânticas que poderiam estar contidas no conceito de interesse, ou ainda, certas convenções – certamente em disputa – que permeavam a linguagem dos interesses no contexto do discurso tocquevilleano. Reiteramos, porém, que estamos convencidas de que nenhuma estrutura explicativa seja capaz de oferecer uma definição unívoca de um conceito que não se deixa domar, tornando-o "incontestado".

AS PAIXÕES VERSUS OS INTERESSES

A busca ou cálculo das vantagens materiais e benefícios exclusivamente próprios é, certamente, a imagem mais comum e disseminada que o termo "interesse" evoca. Sustentar que um conceito porta um único e perene sentido, todavia, é desconsiderar a historicidade dos textos nos quais o conceito se insere, razão pela qual duvidamos da unidade do termo. É verdade que o termo interesse denotando "preocupação", "aspiração" e "busca de benefícios" – noções empregadas como sinônimos na linguagem corrente – pode ser encontrado em diversos textos do século XVII,[11] mas seria anacrônico

---

11 Poderia ser questionada a razão pela qual é feita referência ao século XVII. Se os recortes são necessariamente arbitrários, cabe justificá-los. A escolha do XVII pautou-se na observação de Gunn, segundo a qual, em meados do século XVII, a palavra "interesse" terá importância capital no desenvolvimento do vocabulário político moderno. O seu impacto foi ainda maior, diz-nos o autor, do que aquelas que se referiam à virtude principesca, à arte da guerra e ao controle sobre as facções da Corte. Ainda

atribuir a esses textos a acepção mais disseminada que conferimos à palavra. Se o afirmássemos, recairíamos em uma das formas do erro assinalado por Skinner como "mitologia das doutrinas", isto é, o ato de o intérprete imputar a determinada obra os (próprios) pressupostos em diferentes textos da história, os quais não poderiam conter o sentido a ela conferido, a não ser por uma operação anacrônica (SKINNER 1969, p. 6-7). A hipótese aqui, corroborada, em parte, pelos argumentos de Albert Hirschman, em *As paixões e os interesses*, e Pierre Force, *Self-interest before Adam Smith*, é que a noção de interesse não está unicamente associada ao indivíduo tal como hoje parece o sentido mais cristalizado do termo. Antes, foi um conceito mobilizado por diferentes autores e inserido em diferentes contextos linguísticos. Seu sentido se delineia sobremaneira, no período moderno, associado às discussões acerca do desenvolvimento do Estado, da compreensão de suas prerrogativas e da constituição de sua autoridade, o que se relaciona inegavelmente com a compreensão acerca das paixões e dos desejos dos homens.

Segundo John Gunn, o termo interesse pertence à razão, especificamente à razão de Estado, e refere-se a uma espécie de sabedoria corporificada em máximas e ao conjunto de informações, as quais, confiadas ao príncipe e aos seus conselheiros, preservavam as comunidades (GUNN 1989, p. 196).[12]

---

que não portasse um sentido único, o termo interesse foi estendido no período da Guerra Civil e da breve experiência republicana inglesas (cf. GUNN 1968, p. 551-2).

12 Isso não quer dizer que estamos afirmando que isso teria se desenvolvido exclusivamente no século XVII. Pelo contrário. As discussões pré-modernas, centradas muito mais na figura do príncipe ou daqueles que conduziam o governo, também tematizaram o lugar que os interesses ocupavam nessas sociedades mais fechadas, por assim dizer. É nesse sentido que podemos ler, já na abertura do ensaio de um estadista huguenote, o duque de Rohan, *De l'interest des princes et estates de la chrestienté* [Do interesse dos príncipes e dos estados da cristandade], de 1638-9, a seguinte inscrição "Os príncipes governam os povos e o interesse governa o príncipe". Segundo Gunn e Skinner, o texto do duque de Rohan foi largamente traduzido e comentado no período. Skinner afirma: "esse entendimento do interesse pessoal como um poder maior do que a razão, e um poder capaz de derrubá-la, raramente é encontrado na literatura política inglesa anterior década de 1640. É notável, porém, que no decorrer da década

QUANDO A POLÍTICA CAMINHA NA ESCURIDÃO

Com efeito, o emprego do termo interesse, como bem ressalta Gunn, alude a uma dimensão objetiva, quase absoluta, dos governos na medida em que a escolha da necessária ação do príncipe ou dos governantes implicava a ausência do assentimento do povo, o qual apenas sentia (e sentir é um verbo importante nesta discussão) os efeitos do concerto do Estado no controle dos seus apetites:

> O interesse dos Estados era assunto dos homens de Estado e os tratados franceses sobre a arte do governo deixavam claro que apenas estes eram politicamente competentes. Para ser apreciado, quiçá, por todos, o interesse público não implicava nenhum estado mental por parte do grosso de uma população pré-moderna (GUNN 1989, p. 196).

Alguém poderia objetar que a teoria da razão de Estado remontaria a um esquema no qual, em última análise, alguns (ou a maioria) são (objetivamente) afetados pelos interesses (esses, subjetivamente sentidos) de outros (poucos, quando em uma aristocracia; ou um só, quando uma monarquia). É verdade: dificilmente alguém poderia afirmar seguramente, se a ação perpetrada pelo príncipe era do interesse da comunidade ou se atendia unicamente aos seus próprios desejos, à sua consciência – à sua vontade de glória, por exemplo.

Ao que parece, estamos diante de uma questão insondável que esgarça os limites de uma forma de autoridade inteiramente combinada às disposições do mundo pré-moderno, afinal, quem poderia assegurar que uma determinada ação, justificada por uma razão ou interesse de Estado, não seria mero capricho (e paixão) do príncipe na ausência da revelação divina do Bem a ser conservado? Não é senão como expressão dessa incerteza, que James Harrington pode

---

de 1630, essa mesma doutrina tenha alcançado uma proeminência repentina e espetacular na França" (SKINNER 1999b, p. 571). A asserção "le prince peut se tromper, son Conseil peut être corrompu mais l'intérêt seul ne peut jamais manquer" saiu do parágrafo inicial do ensaio de Roahn e a máxima "o interesse não mentirá" ganhou as ruas. No movimento contrário, saiu do Continente e, em solo inglês, deu título a um panfleto de Marchamont Nedham (cf. GUNN 1968, p. 551-64).

indagar: "se um homem não sabe o que é seu próprio interesse, quem saberá?" (HARRINGTON 1771, C. II). A concordarmos com Armitage, a teoria da razão de Estado evoca precisamente um deslocamento de ênfases em tarefas e disposições individuais, no período pré-moderno, para o realce eminentemente institucional e nos arranjos constitucionais, do período moderno (cf. ARMITAGE 2009, p. 5). E é justamente de um deslocamento nos modos de conduzir a política e politizando os interesses, mesmo que varrendo do horizonte a exclusividade de uma finalidade última, a noção de Bem, de que se trata.

Na tentativa de equilibrar os interesses dos homens com os de sua comunidade, foram tentados muitos expedientes, os quais, sondando o mais recôndito da alma humana, no qual batalham as paixões e os interesses, buscavam oferecer uma espécie de fundamento moral último para a ação de todos. Desse modo, diferentes recursos de persuasão são criados e, em algumas doutrinas (no cristianismo, por exemplo), à extirpação das paixões ditas danosas será dado o nome "virtude"; em outros, "virtuoso" é precisamente o comportamento que dosa ou que equilibra tais paixões, sem dissipá-las.

Ora, algum ciceroniano exaltaria a superioridade do dever e do comportamento virtuoso, intuídos pela razão.[13] Todavia, na obra de outro republicano, Nicolau Maquiavel, com propósitos bastante diferentes do autor de *Dos Deveres*, um golpe é desferido na linguagem pia que asseverava as belezas da virtude, os horrores das paixões e a natureza transcendente do dever social. Maquiavel já havia dito, no famoso Capítulo XV *d'O príncipe*, que intentava escrever algo útil, donde a conveniência de procurar a "verdade efetiva das coisas", do que pelo que delas se poderia imaginar:

> Sei que todos afirmaram que seria coisa louvabilíssima encontrar-se em um príncipe, de todas as sobreditas qualidades, aquelas que são consideradas boas. Mas porque não se podem ter nem observá-las inteiramente *por causa das condições humanas que não o consentem*, é necessário ser tão prudente que saiba evitar a infâmia daqueles vícios que lhe tirariam o estado; e

---

13   Para essa asserção, não endossamos a caricatura estoica, mas tomamos por referência a obra *Dos deveres*, de Cícero (1999).

guardar-se, se lhe é possível, daqueles que não lhe fariam perdê-
-lo: mas não podendo fazê-lo, pode deixar-se levar com menos
escrúpulos (*grifos nossos*, MAQUIAVEL 2009, p. 161).

Desse modo, o governante que pretendesse fazer "profissão de bondade" encontraria, de certo, a própria ruína. É também em oposição a um
modelo que prescreveria aos súditos e cidadãos a ideia de abnegação e
sacrifício de si, apartada de quaisquer referências aos humores e às paixões
(pois é dessa matéria-prima que são feitos os homens), que Maquiavel, *n'A
arte da guerra*, argumenta que um soldado que nada mais faz senão guerrear
é uma ameaça para as demais atividades sociais. Se com desconfiança é visto
aquele que se dedica exclusivamente ao seu ofício, descuidando dos negócios
públicos, é ainda mais danoso fazer que um interesse particular se situe no
lugar que corresponde ao bem da cidade. Pensar as coisas comuns aos homens não prescindia de um reconhecimento mais amplo dos interesses deles.

Não se quer sugerir, com esse movimento argumentativo da presente seção, uma evolução tal de doutrinas morais de modo que os ascetismos
tenham sido deixados de lado. Antes, a escavação que aqui operamos aponta a concorrência entre diversos modos de lidar com as paixões e os interesses. Houve quem se recusasse a declarar guerra aos impulsos e às paixões,
afirmando a necessidade de aprender a dominá-las e não a reprimi-las ou
proscrevê-las. Indicações em contrário, mais ao gosto daqueles que preten-
diam edificar a alma humana, também continuaram a existir: afirmavam
que os homens tomados pelas paixões infames se tornam joguetes de suas
afecções, de onde a necessidade de extirpá-las e cultivar as virtudes.[14] É verdade que comum a essas tradições era a ideia de que a "matéria" sobre a qual
se atuava não era constituída por anjos, tampouco por homens altamente

---

14   Apenas nesse ponto, seguimos Albert Hirschman (2002), no ensaio *As paixões e os
      interesses*, no qual o autor sugere, em poucas palavras, uma hipótese explicativa para a
      existência de discursos positivos em relação a paixões outrora vistas como negativas
      e até pérfidas, as aquisitivas. No mais, a tese ali presente, ou seja, a presença de argu-
      mentos capitalistas antes mesmo de seu surgimento, é bastante distinta da argumen-
      tação aqui defendida quanto à concorrência entre distintas linguagens políticas.

abnegados. A paixão parecia ser um dado do mundo sublunar e da existência humana, constituída de seres de imperfeição ontológica, nos termos de Lebrun (LEBRUN 2009, p. 13). Parecia então um imperativo aceitar os homens como eles "realmente são", persuadi-los do que deveria constituir o seu interesse, o que implicava assumir que nem sempre as virtudes venciam os vícios, nem sempre eles desejavam refrear as próprias paixões. Tal modo de conceber a condição humana, todavia, não deve ser confundido com o nascimento do cru egoísmo, pois não estamos em busca do momento em que teria nascido – se é que existe além de um pressuposto analítico – o homem guiado apenas pelo amor por si e pela exclusiva busca das próprias vantagens. Assim, as doutrinas morais (essencialistas ou não) apartam-se das virtudes cardeais, mas, debruçando-se sobre os abismos que rondam a pessoa humana, não se furtam indicar os princípios que podem constituir fundamentos da obrigação política.

OS INTERESSES E AS VIRTUDES

Talvez em nenhuma outra atividade pudesse a previsibilidade das vantagens e dos interesses se encerrar tão bem como nas aquisitivas. O amor pelo ganho (outrora, uma paixão pérfida) adquire nova conotação ao ser lido como um interesse fundamentado na constância, na uniformidade e no metodismo. Um interesse salutar e inofensivo até. O próprio vocabulário, como salienta Hirschman, indicaria essa mudança: entre os franceses, a atividade do comércio associa-se aos termos *douceur*, atividade capaz de "suavizar a vida", e *doux*, como atividade "leve".[15] O comércio, portanto, era uma ativida-

---

15 Essa mudança de registro dos apetites aquisitivos também é notada no campo das imagens. Veja o entusiasmo, descrito por Pocock, expresso nas *Cato's letters* em relação ao elemento alegórico do comércio: "Nada é mais certo do que o fato de que comércio não pode ser forçado; trata-se de uma dama pudica e de humor cambiante, que deve ser conquistada pela lisonja e pela adulação, pois sempre foge da força e do poder; [...] sua compleição é tão fina e delicada, que é incapaz de respirar numa atmosfera tirânica; a força e a arbitrariedade são tão opostas à sua natureza que basta ser tocada pela espada e ela morre. Mas se lhe são dados entretenimentos gentis e prazerosos, revela-se amante agradecida e benéfica" (POCOCK 1975, p. 470). Nada

QUANDO A POLÍTICA CAMINHA NA ESCURIDÃO

de capaz de reunir os homens, refinar e suavizar os modos bárbaros, como afirmava Montesquieu. Apura e abranda os modos porque, no processo de troca, toma-se consciência de valores outros, de leis que não são as da própria cidade; outros códigos são criados, de modo que o refinamento e a arte podem prosperar. Eis a dimensão civilizatória e cosmopolita daquela paixão aquisitiva que outrora figurava como signo da vileza humana. É verdade que alguém poderia apontar que a alteração só ocorreu devido ao advento do homem capitalista, que teria suplantado de vez o homem clássico. Mas não se trata disso, em nossa interpretação, pois a interação entre a constituição política e a economia, para mantermos a afirmação de Pocock (POCOCK 2003c, p. 124), continuou a existir:

> parece-me que tanto os antiliberais socialistas quanto os clássicos têm estado tão obstinados com a localização do homem econômico que levaram em conta somente os fenômenos que indicam sua presença, sugerindo que um conjunto de cromossomas sempre expulsa o outro, com o resultado de que, em algum momento do século XVIII ou do XIX, deve ser possível encontrar o momento em que o homem político morre e o homem econômico toma seu lugar. Hoje existem dúvidas quanto a se tal momento de fato existiu (POCOCK 2003c, p. 125).

Nesse contexto de intensificação das atividades comerciais, de expansão imperial e, do ponto de vista político, da constituição de uma personalidade cívica não mais amparada pela propriedade imóvel – mas, em termos

---

dessa descrição faz lembrar aquela outra dama, do século XIX, cujos braços e peitos nus, seguindo a descrição de Jorge Coli da *dame sans merci*, aguardam o abraço viril coberto em sangue. Essa é a alegoria da liberdade, tal como Delacroix a concebia. Diferente da dama pudica, de passos lentos e amante do refino, uma mulher clássica, acima descrita, essa Marianne não conhece senão a força e o vigor e anda descalça entre escombros e corpos. Deseja o radical, as paixões e os sacrifícios (cf. COLI 2009). Aliás, essa alegoria da liberdade é de completa oposição à passividade, não por menos é ela quem aparece em tons vibrantes "guiando o povo". São alegorias que remetem, de todo modo, a definições de virtude dificilmente compatíveis.

pocockianos, ainda preocupada com a base material de seu civismo –, houve quem, privilegiando uma concepção de Bem, apontasse tais alterações como a corrupção das repúblicas e dos homens. Afinal, esses desdobramentos, a polidez do comércio e do império, chegavam a constituir uma oposição aos elementos tradicionalmente associados à linguagem republicana: a austeridade material, o domínio de si, e o território limitado geográfica e politicamente (cf. HAMPSHER-MONK 2002, p. 85). Um bom exemplar – talvez o melhor, dessa linha argumentativa é a obra de Jean-Jacques Rousseau, na qual o autor destaca a instabilidade na qual o homem é inserido, quando modificado o fundamento de sua personalidade cívica. Em uma sociedade comercial o homem, outrora rude e devotado, passa a ser totalmente dependente dos ornamentos, das pompas e da opinião alheia, ameaçando a sua liberdade. Mas, diante do mesmo quadro, se for privilegiada a dimensão de civilidade e dos prazeres das Luzes, a dependência passa a ser vista como certa relação cuja positividade estaria justamente no ato de oferecer possibilidades de sociabilidade e cooperação, civilização e humanização, entre os diferentes povos. Eis delineado o dilema do Iluminismo.

Em seu *Discurso sobre as ciências e as artes*, em 1750, Rousseau disserta acerca da corrupção moral subjacente à polidez das maneiras, à afabilidade dos discursos, à perfeição das artes e das ciências. A simplicidade das choupanas, a rusticidade dos lares e a amenidade dos hábitos – as imagens são empregadas pelo genebrino –, substituíram-se pelos ornamentos e pelo luxo, assim, "a verdadeira coragem se debilita, as virtudes militares se esvaem" (ROUSSEAU 2005, p. 31). Enlevados pelo conforto, não se tornam cidadãos os físicos, geômetras, químicos, astrônomos, poetas, músicos, pintores e outros especialistas que o conhecimento faz nascer. Diante de críticas como essa, a teoria política francesa do século XVIII, tomada pelo "dilema iluminista", constrói um panegírico da virtude dos antigos, segundo Jean-Fabien Spitz. São exemplos de desinteresse, de independência e generosidade, que os modernos seriam incapazes de reproduzir (cf. SPTIZ 2002, p. 107). Como se nota no seguinte excerto de Rousseau:

QUANDO A POLÍTICA CAMINHA NA ESCURIDÃO

> poderia eu esquecer-me de que foi no próprio seio da Grécia que se viu erguer-se essa cidade célebre tanto por sua feliz ignorância quanto pela sabedoria de suas leis, essa República antes de semideuses do que de homens, tanto suas virtudes pareciam superiores à humanidade? Oh, Esparta! Opróbrio eterno de uma doutrina vã! Enquanto os vícios conduzidos pelas belas-artes se introduziam juntos em Atenas, enquanto um tirano ali reunia com tanto cuidado as obras do príncipe dos poetas, tu expulsavas de teus muros as artes e os artistas, as ciências e os sábios (ROUSSEAU 2005, p. 18).

A superioridade dos antigos, que faz Rousseau elevar os espartanos à categoria de semideuses, é contraposta à condição dos modernos – autocentrados, efeminados e cidadãos irresolutos –, os quais figuram como epítome da corrupção (HAMPSHER-MONK 2002, p. 90). Tal contraposição mostra-se, na pena de Holbach, como mero preconceito. Para ele, ainda seguindo a leitura de Spitz, as antigas cidades-estado, sob o véu da indiferença ante a morte, o apetite pela glória e a preocupação com o bem-público, mostram-se, ao cabo, cruéis, injustas e insensíveis com a sua própria comunidade (cf. SPTIZ 2002, p. 110). A afirmação de que a virtude dos espartanos, batalhadores à própria pele, armados e ferozes, acabava por confundir um verdadeiro caráter independente com a atroz indiferença tornou-se, na consideração do barão acerca da moral dos antigos, um ponto comum de refutação da virtude: "o amor pela pátria, que constituía o caráter do cidadão romano, não era o ódio lançado contra todas as outras nações?" (HOLBACH 1822, p. 50-1). Em seu *Système social ou principes naturels de la morale et de la politique avec um examen de l'influence du gouvernement sur les moeurs*, barão de Holbach redefine a virtude, vinculando a tal noção atributos inteiramente dispensados na cidade antiga, como a afabilidade, a indulgência, o pacifismo e a sensibilidade, longe, portanto, do sacrifício da própria felicidade:

> O interesse é o desejo excitado pelo objeto no qual consiste o bem-estar de cada homem. Esse interesse é natural e razoável quando os vinculamos a objetos verdadeiramente úteis

a nós mesmos [...]; ele é muito louvável quando conforme aos interesses ou quando contribui com a felicidade dos associados. A moral deve ter por objeto apenas fazer com que os homens conheçam os seus verdadeiros interesses. É virtude é apenas a utilidade do homem reunidos em sociedade (HOLBACH 1822, p. 77).

Do excerto, destacamos que, mesmo abandonada a ideia de sacrifício, presente em linguagens clássicas, e legitimada a utilidade, o termo que designava a sociabilidade e a contribuição com a felicidade comum ainda era a virtude – em nova acepção.

Com este movimento do texto que percorreu distintos discursos acerca dos interesses e da virtude não pretendemos contar uma história linear ou progressiva até a chegada a um ponto a partir do qual não se falaria mais em virtude, como poderia parecer sugerido, especialmente se tivéssemos uma definição fixa do conceito de interesse, isto é, se não o contestássemos. Em primeiro lugar, com esse recurso, não pretendemos senão subscrever os interesses em um domínio essencialmente político, diferente do modo corrente pelo qual é lido, ou seja, no domínio do indivíduo como um ser isolado e maximizador da utilidade. Em seguida, sustentamos que essas linguagens do interesse (ou esses diferentes discursos políticos que tomam o interesse como uma questão) sofrem mutações, sem que uma única direção possa ser apontada como o seu sentido macro histórico, de modo que a imagem da sobreposição dos discursos nos parece mais convincente. Como afirma Hampsher-Monk, a despeito da persistência dessa antipatia entre *politess* e *virtu*, o século XVIII apresentou diversas tentativas de incorporar o tema da polidez associado ao dos interesses na política, mediante linguagens republicanas (HAMPSHER-MONK 2002, p. 88). O tema da corrupção moral ou da dependência a que um homem seria lançado pela sua maior paixão, a aquisição, continuou amparando e produzindo diversos discursos políticos. Mas, também como vimos, a tradição republicana é ampla o suficiente para sustentar apenas um modo de ação ou apresentar um único sentido para os conceitos de virtude e interesse. A fixação desses termos em uma única acepção dependerá necessariamente do discurso ao qual essa tradição se associa e do inevitável imbricamento com outras linguagens.

Esse recurso pode nos levar a notar que, ao oferecer a sua própria análise do interesse bem compreendido, Tocqueville se depara com uma trama espessa constituindo o sentido do conceito – e não apenas um significado imediato. Desse modo, a atuação de Tocqueville poderia ser lida como uma sugestão de mudança, no sentido de que a sua obra constitui uma oposição explícita às convenções dos discursos morais ao empregar o adjetivo "bem compreendido" à doutrina do "interesse".

A DOUTRINA DO INTERESSE BEM COMPREENDIDO

Se é um fato incontestável que o conceito de interesse porta inúmeras acepções e está enredado a um sem-número de disputas entre linguagens históricas do pensamento político, e se é difícil precisar quais seriam as referências imediatas de Tocqueville no debate no qual ele inegavelmente está inserido, não nos parece injustificado o movimento que fizemos anteriormente, pois, entre alguns dos comentadores de Tocqueville, a questão dos interesses como o fundamento moral do novo estado de igualdade de condições reduz--se à dimensão estritamente materialista do conceito. Isso não ocorre sem razão, pois a interpretação é inteiramente dependente do modo pelo qual o conceito de "interesse" é lido pelos intérpretes. Iniciamos a discussão com a interpretação de dois comentadores de Tocqueville, a fim de contrastar, em seguida, a nossa leitura com os elementos destacados destas interpretações.

A paixão material é realçada, na leitura oferecida por Martin Zetterbaum do interesse bem compreendido, como o "ponto imutável" (TO-CQUEVILLE 2001, p. 279; DA, TI, P2, c6) em uma sociedade de igualdade de condições que derrubou a importância de todas as fontes tradicionais de moralidade, que se apartou do persuasivo argumento das vantagens alcançadas no plano celestial, quando a conduta da alma fosse apropriada na terra. Ao assumir a centralidade dos interesses dos homens nas sociedades igualitárias, como um dado comum a todos, Zetterbaum caracteriza (ao menos, a princípio) como democrática, porque ao alcance de todos, a solução tocquevilleana ao "problema da democracia", isto é, a ausência de um fundamento moral como modelo de ação política que contornasse os efeitos da própria instituição democrática. Com efeito, aferir o lugar que ocuparia a doutrina do interesse bem compreendido no argumento tocquevilleano passa, de saída, pela compreensão de como um interesse é modificado quando "bem compreendido"; pela indagação de se tal compreensão equivaleria à busca dos verdadeiros interesses de alguém e, se o for, do que constituiria o verdadeiro interesse do homem. Zetterbaum reconhece que tantas respostas podem ser dadas quanto são distintas as teorias filosóficas que tentaram explicar a natureza humana (ZETTERBAUM 1967, p. 103). Ainda que não seja o nosso propósito avaliar a pertinência da obra do comentador, a partir de suas premissas e alcances analíticos, cabe frisar que a sua leitura conclui que Tocqueville não teria conseguido sustentar a doutrina do interesse bem compreendido, em termos estritamente democráticos, como a teoria moral mais apropriada aos homens. Segundo ele, isso porque o nível de exigência da doutrina é tão elevado que, sem recorrer à temática da religião (ZETTERBAUM 1967, p. 147), não conseguiria ser amparada.

Ora, sem estendermos a polêmica, deve apenas ser apontado que o autor havia apontado para a relação útil – esse adjetivo é persistente no quadro de análise tocquevilleano e recoloca a questão com a qual iniciamos – estabelecida entre religião e política entre os estadunidenses. Mais do que isso. Se assumirmos que o argumento é inteiramente prudencial, isso nos indicará que, menos por uma questão de verdade religiosa, o autor defende a religião por desviar os homens do seu orgulho, estabelecendo, com efeito, um "materialismo honesto". Se as faculdades "mais sublimes" do homem são perdidas quando caem no sono voluntário acalentado pela fruição "honesta e legítima" material, é preciso desviá-los desse presente estendido lançando-os ao sentimento pelo grande, pelo infinito e imaterial, o que, para Tocqueville, seria alcançado mesmo que os homens tivessem de acreditar em qualquer ficção do corpo doutrinário de qualquer religião. Tais advertências feitas por Zetterbaum, portanto, não estavam fora das considerações tocquevilleanas. Todavia, o comentador é peremptório ao afirmar que "no contexto de sua preocupação com a democracia, o interesse é compreendido principalmente em um sentido econômico" (ZETTERBAUM 1967, p. 103). Para Tocqueville, sugere o comentador, desde que considerado de uma perspectiva esclarecida, o próprio bem-estar material (o termo é do autor: "one's own material welfare") daria origem ao bom ordenamento político. Ainda seguindo Zetterbaum, é justamente essa passagem que deflagraria a explicitação do paradoxo da igualdade, bem como o limite do argumento tocquevilleano, posto que o francês apelaria para um argumento de profundo comprometimento moral e até mesmo de profunda mudança na natureza humana para sustentar um equilíbrio entre o estado social democrático e a excelência, a igualdade e a liberdade.

A concordarmos com a leitura do autor, Tocqueville teria falhado no problema posto pela democracia, a qual seria um estado social que recusa a hierarquia como fundamento da autoridade, pois a oposição entre a devoção aos próprios interesses e aos interesses comuns não seria resolvida em seus escritos. Além disso, ainda seguindo o comentador, Tocqueville apelaria a um argumento de tipo "mão invisível" para transformar, ele sentencia, "a busca de um povo pelo seu próprio bem ao bem da humanidade como um todo" (ZETTERBAUM 1967, p. 156).

A nosso ver, trata-se de uma leitura contestável, menos porque deflagra os paradoxos e dificuldades que certamente repousam na obra de Tocqueville (o que deveria revelar que estamos diante de um autor de pensamento instigante, não há razão para negar uma eventual falha no sistema da obra), mas principalmente porque o comentário da doutrina tem por pressuposto o estabelecimento de uma oposição demasiado cerrada entre os interesses próprios a um homem e os comuns, amparada no endosso do sentido mais difundido da palavra "interesse". Mais do que isso, posto nestes termos, a resolução do problema implicado na instituição de uma sociedade democrática não passaria senão por uma mudança radical na natureza humana – a qual aludiria Tocqueville, segundo a leitura de Zetterbaum (ZETTERBAUM 1967, p. 159). Essa leitura parece-nos pouco convincente, como sustentaremos na sequência do livro.

Tomemos os comentários de outro autor, Roger Boesche, sobre a mesma tópica. Aqui, de modo mais sumarizado, pois já apresentamos nossas discordâncias parciais na Introdução do livro. O título da seção, "Tocqueville's dislike of a Republic founded on self-interest", no décimo capítulo do *The strange liberalism of tocqueville*, permite notar o modo pelo qual Boesche acentua os "sacrifícios de si" que os indivíduos fazem aos semelhantes em nome da felicidade e interesse próprios, na leitura que apresenta da doutrina do interesse bem compreendido. Se o autor parece correto ao afirmar que estudos mais atentos da obra tocquevilleana separam o amigo de Beaumont da defesa de uma ordem política ancorada estritamente em engrandecimento individual, o argumento parece perder precisão justamente por sugerir o afastamento de qualquer vestígio de interesse particular na compreensão de política adotada por Tocqueville. Situando o francês ao lado de Pascal, Montesquieu e Rousseau, os quais seriam defensores de certa virtude republicana (noção, aliás, apenas referida no texto, e não desenvolvida de modo consistente), o autor contesta fundamentalmente as leituras que tentam aproximar Tocqueville dos chamados "pluralistas modernos", aos quais caberia apenas sustentar que instituições republicanas poderiam existir sem a virtude antiga, diante de um equilíbrio dos interesses: "as ações autointeressadas de grupos e indivíduos traria o bem comum pelo equilíbrio de grupos e interesses com um mínimo de intervenção do governo" (BOESCHE 1981, p. 194). É impossível negar que as passagens extraídas da obra tocquevilleana são perfeitamente selecionadas para bem corroborar o seu argumento, são: trechos de cartas, passagens extraídas *d'A democracia*, discursos no Parlamento, além dos diários compilados nos *Viagens a América*. Em suma, o esforço de Boesche não é mostrar senão que, entre a busca do bem comum e da satisfação dos interesses privados, o parisiense buscaria extrair a justificação de uma ética amparada nos deveres públicos (cf. BOESCHE 1981, p. 195), da qual a democracia americana seria um exemplo. A leitura de Boesche não nos parece equivocada no que concerne às implicações morais de uma doutrina que não se ampara exclusivamente no interesse, todavia, duas poderiam ser as ressalvas: 1) qual seria, afinal, o elemento da obrigação dos cidadãos? Ou, ainda, o argumento do autor parece aludir a todo momento a certo voluntarismo subjacente à

QUANDO A POLÍTICA CAMINHA NA ESCURIDÃO

doutrina; 2) o argumento de Boesche é insuficiente por desconsiderar qualquer traço de particularidade ou de interesses que não os comuns contido na doutrina tocquevilleana, tornando-a uma espécie de reflexo de certa virtude romana, o patriotismo antigo. Como discutimos na primeira seção deste trabalho, já nos rascunhos de sua obra, tal acepção de virtude foi deliberadamente negada por Tocqueville. Isso não por se tratar de uma virtude antiga, mas por sê-lo inócuo como fundamento moral de uma doutrina democrática e, portanto, ao alcance da generalidade de homens médios.

Sem desprezar as contribuições da interpretação de Zetterbaum e Boesche, o próximo momento do texto visa a propor outra leitura da doutrina do interesse bem compreendido. Para tanto, iniciaremos a discussão pela compreensão da partícula adjetiva na "bem compreendido", para avaliarmos, por fim, o que a escolha de Tocqueville por tal termo revelaria, e como essa escolha permitiu ao autor distinguir essa doutrina moral de novo tipo de acepções anteriores da virtude.

***

Talvez pelo ofício de tradutor, um dos poucos críticos, salvo engano, a se demorar na questão do que poderia significar o advérbio "bien" na doutrina do interesse bem compreendido é Arthur Goldhammer. Ele não aborda essa questão a partir dos possíveis interlocutores que Tocqueville teria em vistas, mas a partir da indagação da razão pela qual o termo "l'intérêt bien entendu" teria recebido traduções tão diversas. Ele se recusa a adotar a terminologia de Henry Reeve – tradutor inglês e amigo de Tocqueville – "self-interest rightly understood";[16] a de James Schleifer, pelo menos até certo ano de suas publicações – que preparou a edição crítica d´A Democracia - "enlightened self-interest"; a versão dos straussianos Harvey Mansfield e Delba Winthrop "self-interest well understood". É relevante a reflexão que o autor tece em torno do advérbio "bien", pois o leque semântico do morfema "bem", tão amplo quanto o "bien" francês, não se esgota inteiramente no sentido de "well", de acordo com Goldhammer.

---

16   Esta é também a opção de Martin Zetterbaum e Roger Boesche nas obras aqui citadas.

Todavia, não se trata apenas de precisão linguística, reconhecemos, mas de interpretações distintas e concorrentes acerca da temática tocquevilleana. Se é verdade que qualquer fórmula adotada na tradução manterá alguma medida de arbítrio, a escolha entre formulações tão diversas quanto "self-interest rightly understood", "enlightened self-interest" e "self-interest well understood" deve, ao menos, fornecer as razões de sua pertinência. É apenas por uma questão de premissa, e não de prova, provoca Goldhammer, que os tradutores de Tocqueville (equivocadamente), por alguma literalidade, assimilariam "bien" imediatamente a "well" ou "rightly".

Com o vocábulo "intérêt" traduzido por "self-interest" a dificuldade não é menor. O autor salienta a sutileza da palavra, que em francês não evoca exclusivamente a doutrina de motivação utilitária que a palavra "self-interest" carrega. É por isso que talvez não seja apropriado falar, em português, em "interesse próprio" bem compreendido, advertência sempre posta por Jasmin. O cuidadoso artigo de Goldhammer é construído como uma tentativa de sustentar a sua hipótese de interpretação deste tema a de que a solução de tradução para "well understood" é equivocada, pois retira a ambiguidade que o substantivo "interesse" guarda, ou melhor, sugere que "o ator é aconselhado a compreender bem" (GOLDHAMMER 2006, p. 146), ao passo que a escolha "properly understood" (a opção dele, aliás) levaria o leitor a perceber que se está diante de um conceito bastante escorregadiço: "o que nós consideramos ser do nosso interesse depende necessariamente de como vemos o mundo e, em particular, de onde situamos o horizonte temporal. Portanto, cabe-nos compreender o nosso interesse não apenas bem, mas propriamente" (cf. GOLDHAMMER 2006, p. 146). Nessa leitura, compreender bem um interesse é a ação na qual se perscruta e em que consiste a busca de interesses e necessidades individuais quando confrontados com os comuns. Ainda que haja muita controvérsia sobre a origem do termo, dividindo os críticos[17] trata-se de uma

---

17 Não tivemos por objeto elucidar a possível origem do termo. De acordo com Mansfield e Winthrop, o termo teria sido empregado pela primeira vez pelo filósofo francês Condillac, no *Traité des animaux* [1755]. Para Goldhammer,

QUANDO A POLÍTICA CAMINHA NA ESCURIDÃO

leitura pertinente, pois ela ressalta justamente que o artifício dessa acomoda-
ção é que é feito de modo apropriado ("properly").

Dito isso, parece que estamos em condições de afirmar que não con-
cedemos ao termo interesse o seu valor de face, imediatamente reconhecível
como um proveito econômico. Negamos que o advérbio "bem" empregado à
compreensão do interesse implique um conceito que traga exclusivamente
vantagens, bem-estar e uma situação cômoda a um indivíduo. Lembremos
que, de acordo com as notas de preparação da obra, apresentadas na seção
anterior, Tocqueville refuta, de saída, o egoísmo cego como um elemento
capaz de forjar uma doutrina moral refletida e suficientemente sólida para
amparar as ações dos homens. Tampouco nos parece exato afirmar que
"bem" remeteria ao modo correto, preciso ou técnico de se compreender
um interesse – como se isso indicasse um ponto fixo ou um propósito de
perfeição moral ideal ao qual se devesse chegar. A nossa interpretação, a
partir das discussões mais amplas da recepção e tradução do termo, é a de
que o advérbio na partícula adjetiva "bem compreendido" não representa
senão um modo justo e uma maneira conveniente de perscrutar o que seria
o interesse, sabendo que não se trata de uma justificação que o indivíduo
produza a si mesmo, radicado da sociedade, mas um intento de razoabili-
dade que envolve a necessária concorrência entre os interesses individuais
e os comuns. Necessária, porque estamos tratando de uma disposição política em uma sociedade democrática cujos indivíduos são caracterizados
pelo seu egoísmo. O modo pelo qual esse egoísmo será, então, "habilmente
canalisado", para empregarmos o termo de Jaume, é o que está em questão
(JAUME 2008, p. 47). Na medida em que a identificação do interesse não
é ato imediato e tampouco corresponde a um mero pertencimento social,
mas refere-se a qualquer objeto, a qualquer finalidade, em qualquer associação que o cumpra, é compreensível a razão que leva o autor a escolher
termos que façam notar que se trata de uma doutrina meditada e refletida
(ou esclarecida). A leitura seria equivocada, portanto, se fosse afirmado que

---

todavia, a evidência contextual está nas *Reflections on the Revolution in France*
[1790], de Edmund Burke.

o interesse bem compreendido é a "teoria geral" mediante a qual os estadunidenses atingiam o seu interesse aparente, ou aquilo que é de posse exclusiva e imediata de um indivíduo. Assim afastados os sentidos os mais ordinários do termo, podemos segui-lo *n'A democracia*.

Tocqueville reconhece que as crenças cederam lugar ao raciocínio e os sentimentos ao cálculo,[18] de modo que à tentação do abismo, lançados às suas paixões, os homens precisam estabelecer o campo moral associado a um ponto fixo, um dado comum entre eles: o seu interesse. O interesse é o motor do sistema ["L'intérêt, voilà le moteur de système" (COUNTANT 2007, p. 446)], na expressão empregada por Coutant, para realçar essa motivação potente o bastante para fundamentar moralmente as relações entre os homens e contornar os males da democracia, que, de outro modo, se tornaria um estado social esgarçado pela inveja e pelo ódio, sentimentos nela originados. Não obstante, é insuficiente dizer, ao modo de Montesquieu,[19] que as repúblicas antigas estavam fundamentadas no princípio da virtude e, uma vez feito dos interesses os senhores do mundo, ela seria inteiramente inadequada como o critério das repúblicas modernas (cf. JARDIN 1984, p. 157). Para Tocqueville, como ele ressalta nas *Viagens à América*, ao lado da virtude, os estadunidenses apresentavam luzes e isso facilitaria, mais do que qualquer outro elemento, esse estado social. Em outros termos, o nosso autor está convencido de que as paixões e os interesses, os maiores bens em um estado social democrático, quando esclarecidos e bem compreendidos, poderiam figurar como o princípio de virtude das repúblicas modernas e extensas.

Ora, sendo a igualdade de condições o princípio fundamental do estado social democrático, Tocqueville não se demora em premissas antropológicas e tampouco recobra nas suas análises qualquer traço substantivo da natureza humana, em contornos metafísicos e a-históricos, porque lhe

---

18   Cálculo e raciocínio, portanto, são elementos caracterizadores da doutrina, em linguagem utilitária, ainda que, como argumentamos na seção 1, a doutrina não deva ser subsumida ao utilitarismo.

19   Schleifer afirma ser Montesquieu a referência privilegiada de Tocqueville para pensar os interesses. Ver: SCHLEIFER 2012, p. 108-12.

importa perscrutar, sobretudo, o ato de entendimento implicado na realização desses interesses particulares no que diz respeito à sua relação com os interesses comuns. É como se, ao modo de Rousseau, no *Manuscrit de Genève*, Tocqueville indagasse como os homens adquirem certa percepção, evitando a investida direta sobre os próprios interesses. A sentença do genebrino, "esclareçamos a sua razão de novas luzes, aqueçamos o seu coração de novos sentimentos e que ele aprenda a preferir a seu interesse aparente o seu interesse bem compreendido" (ROUSSEAU 2012, p. 40-1) é, no século seguinte, elaborada em um sentido muito semelhante. Aqui, porém, a frase interrogativa retórica serve a Tocqueville como reforço do contraste com as sociedades aristocráticas, após a constatação acerca da centralidade do interesse nas ações humanas, nas sociedades democráticas:

> Deve-se contar, portanto, com que o interesse individual se torne, mais que nunca, o principal, se não o único, móvel das ações dos homens; mas resta saber como cada homem entenderá o seu interesse individual [...] Cumpre pois esclarecê-los a qualquer preço, porque a época das devoções cegas e das virtudes instintivas já vai longe de nós" (TOCQUEVILLE 2004, p. 150; DA, TII, P2, c8).

A aproximação com as considerações de Rousseau, e o seu limite parecem estar no excerto acima. Não temos pretensão de esgotar as semelhanças entre os autores, mas cumpre indicar algumas proximidades que fornecem indícios de que Jean-Jacques poderia ser um interlocutor de Tocqueville nessa temática. As argumentações são semelhantes, ao menos da perspectiva da forma, pois o genebrino também parte de um retrato geral da sociedade para chegar a esse homem que no "silêncio das suas paixões" estabelece um ato de entendimento mediante o qual um direcionamento, ou ainda, um limite (que, sabemos, é a vontade geral) para a realização dos seus propósitos em uma vida comum lhe é fornecido. Rousseau não nos deixa esquecer de que isolado o homem é fraco, bem como da necessidade do concurso dos semelhantes para a realização dos interesses de cada um, tão logo estejam satisfeitas as primeiras e mais elementares necessidades humanas: "nossas necessidades nos aproximam à medida que nossas paixões nos dividem e quanto mais nos tornamos inimigos dos nossos semelhantes menos nós podemos passar sem eles" (ROUSSEAU 2012, p. 34).

Diante do imperativo da concorrência dos demais, o estado de independência humana revela-se como um jugo suportado pelos homens sem que nenhuma noção, ideia ou verdade comum possa se apresentar como garantia das relações então estabelecidas. Com efeito, projeta-se a sombra da desconfiança sobre cada um dos homens, tão inseguro quanto os seus semelhantes, de que a sua moderação voluntária possa lhe garantir a estabilidade nessa sociedade sem autoridade manifesta. O autor indaga que considerações poderiam ser antepostas a essa impotência que se projeta sobre os homens, lançando-os a um caudal de desconfiança mútua, se a religião não vem ao socorro da moral (cf. ROUSSEAU 2012, p. 37). Mesmo diante de tal quadro que flagra a ausência de um fundamento da autoridade moral nas sociedades democráticas, Rousseau (como também o faz Tocqueville) refuta a postulação hobbesiana de certo egoísmo instintivo presidindo o estado natural e generalizável à espécie. Segundo Rousseau, o erro de Hobbes teria sido "ter suposto esse estado à espécie e tê-lo tomado como causa dos vícios, dos quais ele era o efeito". Caracterização da espécie humana considerada como depravada e vulgar, na pena de Tocqueville.

É certo que o autor genebrino alude a alguma solução encontrada no próprio seio da sociedade que fez nascer tais males. Tal como o veneno comporta no seu campo de aflição o antídoto, ele afirma: "longe de pensar que não haja nem virtude e nem felicidade para nós e que o céu nos tenha abandonado sem recursos à depravação da espécie, esforcemo-nos de extrair do próprio mal o remédio que deve curá-lo" (ROUSSEAU 2012, p. 40) Para o autor, em outros tempos, o amor à pátria garantiria a adequação da vontade individual à geral:

> é certo que os maiores prodígios da virtude foram produzidos
> pelo amor à pátria: este sentimento doce e vivo, que une a força
> do amor próprio [l'amour propre] a toda a beleza da virtude, lhe

dá uma energia que, sem desfigurá-la, torna-a a mais heroica de todas as paixões (ROUSSEAU 2002, p. 56).

Nesse ponto, insistindo em que a virtude estaria no amor da pátria ["Queremos que os povos sejam virtuosos? Comecemos, então, fazendo-os amar a pátria"] e insistindo também no fato de que a virtude estaria na adequação da vontade particular à geral ["Não é suficiente dizer aos cidadãos: sejam bons! É necessário lhes ensinar a sê-lo [...] O amor à pátria é o mais eficaz, pois, como eu já o disse, todo homem é virtuoso quando a sua vontade particular é em tudo conforme à vontade geral (ROUSSEAU 2002, p. 55)],[20] Rousseau lança mão de uma virtude (para empregarmos a designação do barão de Holbach) ou de um elemento exterior à vontade dos homens: "[...] que a humanidade concentrada entre os cidadãos adquira entre eles uma nova força pelo hábito de ser e pelo interesse comum que os reúne" (ROUSSEAU 2002, p. 56).

Diante de tal constatação, não seria equivocado afirmar que, se é verdade que os autores partilham o mesmo terreno, a solução não é encaminhada do mesmo modo. Na pena tocquevilleana, dificilmente vislumbraríamos qualquer traço de entusiasmo – nenhuma compaixão, nenhuma piedade; nenhum sentimento natural de humanidade ao qual Rousseau recorre ao menos no artigo para a *Encyclopèdie*, pois a doutrina do interesse bem compreendido não é convincente aos estadunidenses por algum elemento de convencimento inerente à natureza humana. Tocqueville parece aludir a esses passos de Rousseau quando afirma que as devoções e as virtudes instintivas, traços distintos das sociedades aristocráticas, já estavam longe dos homens nas sociedades democráticas. Com esse paralelismo, recurso habitual que opõe sociedades antigas para melhor realçar as democráticas, Tocqueville lança luz sobre a passagem de uma sociedade aristocrática, amparada na de-

---

20 Não sustentamos aqui uma ideia simplista de Rousseau diante da qual apenas restaria aos homens o sacrifício em nome do grupo, tampouco a de que a obrigação do governo seria a de impor ao povo a vontade geral, anulando as particularidades. O problema aqui, em termos gerais, é que no artigo da *Enciclopédia* Rousseau supõe uma virtude como "conformidade em tudo" à vontade geral mediante educação pública cf. LEPAN 2002, p. 151.

voção e no esquecimento de si, para uma sociedade cuja virtude mostrava-se útil à conquista do interesse particular. Portanto, se em sua obra o francês parte da mesma constatação acerca da centralidade dos interesses no estado democrático, possui implicações morais bastante distintas das de Rousseau. Com essas considerações, estamos afirmando que menos do que ao genebrino, é possível notar a inclinação à prosa de Montaigne. Seguimos com mais vagar a argumentação nesse momento.

Tal como o autor dos *Ensaios*, Tocqueville parece ecoar a consciência do fundamento da glória como o reconhecimento e engrandecimento externo ["Porém, não sei como, somos duplos em nós mesmos, o que nos faz não acreditarmos no que acreditamos e não nos podermos desembaraçar do que condenamos" (MONTAIGNE 1908, LII, c.16)]. Isto é, a disposição a agir com vistas ao reconhecimento alheio e, por vezes, vaidoso da excelência pessoal – Montaigne chega a empregar o substantivo "presunção". Sob traço semelhante, Tocqueville descreve com ironia o comportamento dos aparentemente devotados nas sociedades aristocráticas – desprendidos de si, em aparência, mas profundamente movidos por vaidade: "duvido que os homens fossem mais virtuosos nas eras aristocráticas do que nas outras, mas é certo que nelas se falava sem cessar das belezas da virtude, mas estudavam em segredo de que modo ela era útil" (TOCQUEVILLE 2004, p. 147; DA, TII, P2, c8). Além desse excerto irônico, a aproximação mais evidente com Montaigne talvez esteja no fato de Tocqueville apresentar o lugar ocupado pela doutrina do interesse bem compreendido a partir da mudança na sociedade dos elementos capazes de servirem de estímulo para a ação humana. O adágio tocquevilleano "não há poder na terra capaz de impedir que a igualdade crescente das condições leve o espírito humano à busca do útil e disponha cada cidadão a se fechar em si mesmo" (TOCQUEVILLE 2004, p. 150), como já afirmamos, faz eco à sentença de Montaigne acerca do reconhecimento da glória como uma afecção natural, isto é, os homens inevitavelmente agem com vistas à aprovação dos demais. Assinalando os excessos da presunção humana e a grandeza que apenas caberia a Deus, Montaigne parece se ater,

QUANDO A POLÍTICA CAMINHA NA ESCURIDÃO

desde o exórdio do *Da glória*, a essa natureza humana mortal e fraca cujos ideais devem ser seguramente mais baixos:

> Eis como apenas a Deus cabem glória e honras e não há nada tão distante da razão quanto nos pormos a buscá-las para nós mesmos; pois, sendo interiormente pobres, nossa essência sendo imperfeita e precisando continuamente de melhora, é nisso que devemos nos afainar (MONTAIGNE 1908, TII, c16).

Reservamos, por assim dizer, a glória a Deus e buscamos nós, providos de uma condição imperfeita, aquilo de que temos maior necessidade; nos ocupamos do necessário e, apenas em segundo plano, dos ornamentos trazidos pela virtude. A disjunção entre glória e virtude efetuada por Montaigne é passo fundamental - sem com isso querermos estabelecer nenhuma continuidade entre as obras, mas assinalando uma alteração na linguagem da virtude - para a junção que Tocqueville opera entre virtude e interesse, com raciocínio análogo ao primeiro autor: "Os homens se ocupam dos interesses gerais primeiro por necessidade, depois por opção [...] à força de trabalhar pelo bem de seus concidadãos, acabam adquirindo o gosto e o hábito de servi-los" (TOCQUEVILLE 2004, p. 129; DA, TII, P2, c4). A virtude sublime ganha o segundo plano das considerações tocquevilleanas e, do modo do seu antecessor, a humanidade fragmentada e interessada antes pelo útil do que pelo belo ganha centralidade: "nos Estados Unidos, quase não se diz que a virtude é bela. Sustenta-se que é útil, e prova-se isso todos os dias. Os moralistas americanos não pretendem que seja necessário sacrificar-se a seus semelhantes, porque é grandioso fazê-lo". E completa adiante: "Perceberam que, em seu país e em seu tempo, o homem era voltado para si por uma força irresistível e, perdendo a esperança de detê-lo, passaram a pensar apenas em conduzi-lo" (TOCQUEVILLE 2004, p. 148; DA, TII, P2, c8). É justamente nesse momento da argumentação e diante da dificuldade de explicar as razões pelas quais os moralistas teriam convencido os seus cidadãos da pertinência e utilidade de agir de certo modo que Tocqueville lança o argumento de autoridade (e não estaria pensando na audiência francesa?), amparando-se em Montaigne: "Se, por sua retidão, eu não seguisse o caminho reto, segui-lo-ia por ter descoberto por experiência, que no final das contas é comumente o mais feliz e o mais útil" (*apud* TOCQUEVILLE 2004, p. 148).

O apelo à Montaigne, na estrutura do capítulo no qual é tratada a doutrina do interesse bem compreendido, está no movimento que fecha o tratamento da doutrina moral presente na América (iniciada a partir do terceiro parágrafo), antes de tratar da Europa: "A doutrina não é nova, portanto; mas, entre os americanos dos nossos dias, ela foi universalmente admitida, tornou-se popular" (TOCQUEVILLE 2004, p. 148). Antes disso, o autor reservara os dois primeiros parágrafos do capítulo oito para contrastar as sociedades aristocrática e democrática do ponto de vista dos deveres. Na primeira, a doutrina oficial em matéria de moral indicava a conveniência de, nos termos do autor, fazer o bem sem interesse. Com isso, os homens dessas sociedades professavam a glória contida no esquecimento de si e dos interesses próprios na execução do dever. Em outras palavras, eles indicavam que uma ação deveria ser interessada apenas na beleza inerente a certo ato tido por virtuoso. Porém, "à medida que a imaginação voa mais alto e que cada um se concentra em si mesmo" – essa é a formulação que marca a passagem temporal no nascimento de uma nova moral no estado social de igualdade de condições "os moralistas se assustam com a ideia de sacrifício e não ousam mais oferecê-la ao espírito humano" (TOCQUEVILLE 2004, p. 149). Por seu alto rigor no esquecimento de si, "como Deus mesmo", ironiza o autor, essa moral elevada não é praticável senão quando o mundo era conduzido por um pequeno número de homens. Num mundo democrático, passa-se a investigar não a beleza das ações, mas as vantagens individuais dos cidadãos nos pontos de coincidência com o interesse geral, o que é equivalente a afirmar que a utilidade se vincula, nesse moral de novo tipo (já propagada por Montaigne, mas registrada no novo mundo), associa-se à justiça, porque são atos não mais ao alcance de poucos venturosos, mas de todos.

Se os homens assentem ao interesse comum com vistas à preservação do particular, em tais pontos de convergência, como o seu único modo

QUANDO A POLÍTICA CAMINHA NA ESCURIDÃO

de conservação, alguém observaria, a doutrina do interesse bem compreendido não faria senão confirmar a paixão dos homens pela igualdade e a disposição de agir para realizar os desejos dessa idolatria, os seus bens materiais. Como bem notaram Mansfield e Winthrop, a doutrina ensina os homens a cooperar uns com os outros em vez de ter vantagens sobre os demais, entretanto, ele ressalvam que acomodar a "fraqueza dos homens" acabaria por confirmar o seu amor pelo bem-estar material de modo que a doutrina do interesse bem compreendido, antes de combater o individualismo, poderia também agravá-lo. Essa paixão pela igualdade é confirmada, por certo, pois a doutrina não pretende modificar a natureza dos homens. Ora, o francês afirma que a doutrina do interesse bem compreendido nasce do individualismo – traço do caráter dos homens nas sociedades democráticas, e que essa doutrina filosófica[21] não pode liquidá-lo, mas apenas contornar os seus efeitos. O que também se nota na passagem na qual Tocqueville discorre acerca dos moralistas americanos: "Não negam, pois que cada homem possa seguir seu interesse, desdobram-se para provar que o interesse de cada um é ser honesto". E prossegue, sem que qualquer alusão seja feita à transformação da natureza humana ou a elevado grau de exigência moral: "não quero entrar aqui no detalhe de suas razões, o que me afastaria do meu tema: basta-me dizer que convencem seus concidadãos" (TOCQUEVILLE 2004, p. 148; DA, TII, P2, c8). Convence os cidadãos porque é uma teoria geral útil que, ao cabo, garante a realização de seus interesses – eis a "mão invisível" (tão procurada com ironia por Zetterbaum, fazendo desacreditar a doutrina) que impeliria os homens a agir de acordo com a doutrina do interesse bem compreendido.[22]

---

21   De acordo com os esboços da edição crítica d'A democracia, Tocqueville pretendia que o título do capítulo oito (da Parte II do Tomo II), no qual é abordada diretamente a doutrina, fosse "A doutrina do interesse bem compreendido como doutrina filosófica".

22   Disso não decorre, segundo Manent, que os homens não possam ser genuinamente virtuosos ou agir amparados no amor pela liberdade e pela virtude. O fato é que, nos parece, a discussão nada tem a ver com a avaliação das motivações individuais. Os homens dizem recorrer a essa teoria geral e são convencidos pelos moralistas. Isso

A indicação de uma distância temporal ("porque a época das devoções cegas [...] já vai longe de nós [...]") refere-se, portanto, à diferença de compreensão dos interesses entre dois mundos, o aristocrático e o democrático.[23] Outrora estabelecidos em suas crenças, em uma ordem cuja legitimidade não era contestada ["houve um tempo, sob a antiga monarquia, em que os franceses experimentavam uma espécie de alegria ao se sentirem entregues, sem recursos, ao arbítrio do monarca [...]" (TOCQUEVILLE 2001, p. 274; DA, TI, P2, c6)], os homens se atavam a um amor instintivo à pátria. Mas há uma ruptura nessa ordem, e nisso reside a especificidade da compreensão moral tocquevilleana e, sobretudo, do que ele entende por virtude em sociedades democráticas. Ruptura na qual os costumes são mudados, as crenças são abaladas, o orgulho das lembranças é esmaecido, como as seguintes linhas permitem notar:

> Então, os homens não percebem mais a pátria, a não ser sob uma forma fraca e duvidosa; não a colocam mais nem no solo, que se tornou, a seus olhos, uma terra inanimada, nem nos usos de seus ancestrais, que foram ensinados a considerar um jugo; nem na religião [...]; nem nas leis [...]; nem no legislador [...] (TOCQUEVILLE 2001, p. 275; DA, TI, P2, c6).

Se o autor afirma que o amor pela cidade e o amor de si (empregando a imagem de Rousseau) foram banidos, restaria ao homem, entregue a si mesmo, interpretar o interesse pessoal. Como interpretá-lo é a questão que o parisiense parece não deixar de buscar, isto é, onde repousaria, após a instituição da sociedade de igualdade de condições, na qual os espíritos se assemelham, as crenças se esmaecem e as vontades se equivalem) o fundamento que associaria a vida

---

basta para a análise, como se nota em uma das linhas de descrição do convívio entre os americanos: "[...] é frequente eles não serem justos consigo mesmos, pois às vezes veem-se nos Estados Unidos, como em outros países, os cidadãos se entregarem aos elãs desinteressados e irrefletidos que são naturais ao homem, mas os americanos não confessam que cedem a movimentos dessa espécie, preferem honrar sua filosofia a honrar a si mesmos" (TOCQUEVILLE 2004, p. 149; DA, TII, P2, c8).

23   Referência ao título da obra de Sheldon Wolin, *Tocqueville between two worlds*.

QUANDO A POLÍTICA CAMINHA NA ESCURIDÃO

particular e o bem-estar próprio aos de seus concidadãos.[24] É então – e assim fechamos o acompanhamento mais detido do oitavo capítulo - que se põe a expor mais sistematicamente, a partir do quarto parágrafo, a teoria geral com a ajuda da qual os americanos adquirem tais costumes: "eles mostram complacentemente como o amor esclarecido por si mesmos os leva sem cessar a se ajudar uns aos outros e os dispõe a sacrificar com muito gosto, pelo bem do Estado, uma parte de seu tempo e de suas riquezas" (TOCQUEVILLE 2004, p. 148; DA, TII, P2, c8).

Trata-se de um patriotismo que se distingue do devotamento sublime aristocrático, este reservado a poucos e elevado, por ser um sentimento refletido, nascido a partir da centralidade que a noção de interesse possui na sociedade no novo estado social, logo, um "devotamento calculado", para empregar a precisa expressão de Spitz (SPTIZ 1995, p. 469). Passemos a essa noção de sacrifício (e virtude), em questão. Ela seria ela uma noção a partir da qual uma alteração na linguagem dos interesses se opera, de acordo com a nossa hipótese interpretativa.

O NOVO TIPO DE VIRTUDE

É certo que alguém poderia objetar que o fato de se mencionar uma virtude ou patriotismo de novo tipo nada ou pouco alteraria o problema concernente ao "sacrifício", ainda conservado na nova estrutura de ação. A dificuldade, sempre presente, é a de saber a que se refere o sacrifício e se, como espartanos, os homens nas sociedades de igualdade de condições poderiam sacrificar os seus próprios desejos a um bem que se julgaria maior, amparados em uma ideia de dever. O exame mais detido da argumentação tocquevilleana no capítulo nove, "Como os americanos aplicam a doutrina do interesse bem compreendido em matéria de religião", nos permite sustentar que, embora o autor empregue no tratamento da questão o termo "sacrifício", ele não o faz ao modo de certos moralistas para os quais a felicidade na vida ou a chegada no mundo celestial estaria na vigília cerrada das paixões, ou, para empregar os termos do autor, "que só seria possível adquirir uma felicidade duradoura recusando-se

---

24 Nesse aspecto, discordamos de Zetterbaum quem afirma que Tocqueville teria passado longe da discussão acerca da possibilidade de um "conflito irreconciliável entre interesse privado e público" (ZETTERBAUM 1967, p. 148).

mil prazeres passageiros e que, enfim, é preciso triunfar sem cessar sobre si mesmo para melhor servir" (TOCQUEVILLE 2004, p. 151; DA, TII, P2, c9).[25]

Com efeito, não é preciso vencer os próprios impulsos, refreando-os, e tampouco adotar "princípios puros" como guias das ações humanas, pois o homem pressuposto por Tocqueville é um sujeito mergulhado nos seus interesses e desejoso, e não um ser de natureza elevadíssima: "Um americano se ocupa de seus interesses privados como se estivesse sozinho no mundo e, no instante seguinte dedica-se à coisa pública como se os estivesse esquecido" (TOCQUEVILLE 2004, p. 174; DA, TII, P3, c14)". O interesse é um dado, mas conexo à virtude. Em uma de suas anotações, lembremos, Tocqueville afirma que a doutrina do interesse bem compreendido pode ser útil em todas as sociedades, mas "muito mais útil" naquelas em que os homens não se retiram para o prazer platônico de fazer o bem e nas quais eles veem o outro mundo pronto para deles escapar. Em outras palavras, convencer os homens, homens secularizados, mediante recompensas futuras seria tarefa inútil. Aliás, a religião é útil, para Tocqueville, no capítulo mencionado, menos pelo conteúdo substantivo dos seus dogmas, mas pela utilidade, por ensinar aos homens a fazer pequenos sacrifícios em nome de um bem maior estimado. Com isso, nota-se que a doutrina do interesse bem compreendido, essa nova espécie de virtude, não é um constrangimento exterior à natureza dos homens, como equivocadamente afirmou Zetterbaum e mesmo Boesche (como discutimos nas páginas anteriores), mas justamente ampara-se nas suas paixões. Se as recompensas de uma tal estrutura de ação são atingidas no presente e não lançadas a algum ponto

---

25   Aliás, a concordarmos com a avaliação de Francis Wolff, "virtude" é associada na linguagem corrente a algum tipo de abnegação, de privação, de comportamento intensamente regrado: [...] não fumar, não beber álcool, só comer o que é necessário para manter-se vivo, só fazer amor para manter a vida da espécie, em suma, manter o desejo nos limites da necessidade [...] Em francês, uma "dame de petite vertu" é um prostituta; um homem de grande virtude é um abstinente. Esse uso que restringe a virtude humana a essa virtude particular, a continência, é estranho, para não dizer perverso, pois pareceria indicar que a virtude consiste em lutar contra a própria natureza – e não a sua realização, como insiste o autor (WOLFF 2009, p. 43).

distante do futuro, a virtude, pode-se dizer, ganha cada vez mais contornos temporais. E, de acordo com Pocock, o tempo é governado por forças como os costumes e a prática (cf. POCOCK 1975).

Não é por menos que uma das palavras usadas com mais frequência n'*A democracia* é "instinto". Instinto não significa, na obra do autor, um comportamento bruto, mas uma "espontaneidade cultivada" pelo costume – a ótima expressão, de paroxismo ao gosto tocquevilleano, é de Goldhammer (GOLDHAMMER 2006, p. 152). Se as circunstâncias observadas por Tocqueville eram inauditas, isto é, se o novo estado social igualitário inseria de modo vigoroso a possibilidade de cada um satisfazer a sua paixão material, não seria preciso supor que os interesses individuais fossem apagados ou que os homens não se orientassem individualmente, pois o modo pelo qual cada homem compreenderá seu interesse individual (o "como" do excerto acima destacado) estará sujeito ao costume – e esse ensina o homem a viver de modo virtuoso. Tal como Montaigne, o autor parece convencido de que se não são seguidos os caminhos certos, porque são certos, dever-se-ia seguir aqueles que, no final das contas, constatou-se experimentalmente que no geral são os de maior utilidade.

Ao acrescentar o adjetivo "útil" ao devotamento de novo tipo à teoria geral que embasaria a doutrina por ele descrita, Tocqueville é muito arguto. É sagaz, porque a doutrina do interesse bem compreendido seria, parafraseando Coutant,[26] uma crítica ao modo utilitário de compreender o interesse, a despeito do efeito de similaridade que o emprego do termo "útil" acarreta. Para os utilitaristas, interesse aparece em um registro notadamente particular, até mesmo "subjetivo". Para alguém como Bentham, o indivíduo é ele próprio um todo, e a soma de "pequenos todos" forma uma "ficção", a comunidade, cujo interesse é a soma dos interesses dos seus membros. Assim, a feli-

---

26 Para a acentuada distinção entre a compreensão do "útil" na doutrina do interesse de Tocqueville e as doutrinas utilitárias, ver: COUTANT 2007, p. 454. O comentador, na mesma obra, explora a relação que Mill e Tocqueville estabeleceram, especialmente com a contribuição ao *Edinburgh Review*, em outubro de 1840, mas salienta que o francês é apenas um leitor do utilitarismo, e não um seu seguidor.

cidade da comunidade não pode estar vinculada ao bem dos indivíduos, pois é tão somente a soma das felicidades individuais que lhe dá inteligibilidade. É verdade que Tocqueville afirmou que "o interesse de cada um é ser honesto e é útil sê-lo". E é certo também que a felicidade da comunidade tampouco se separava de um bem particular. Porém, seria equivocado sustentar uma leitura fundamentalmente utilitarista da doutrina do interesse bem-compreendido, pois tal doutrina deixa antever o vínculo entre homens não mais unidos irrevogavelmente "em uma cadeia que remonta do camponês ao rei" – sem que a sonolência e a apatia se estabeleçam (para recobrarmos os termos de Tocqueville, já citados no capítulo anterior, sem que os homens se encerrem em "pequenas igrejinhas"). Uma ponderação que nos parece ter sido feita a seus contemporâneos utilitaristas, ou especificamente a Bentham, os quais sustentavam que a realização da maior felicidade que a comunidade poderia alcançar seria equivalente a maior soma possível das felicidades individuais.[27]

Se "rudes egoístas" ou "egoístas esclarecidos", para essa teoria utilitarista, não haveria a menor diferença, porque seu cálculo se atém essencialmente a avaliações consequencialistas e, desse modo, prescinde na avaliação do interesse, a princípio, de qualquer comunidade moral e política. Em outras palavras, se é de interesse perseguir aquilo que oferece prazer e se afasta da dor, a métrica dessa sensação repousa na experiência do sujeito que a sente. Dado que o princípio de felicidade para essa teoria, de partida, repousa fundamentalmente em sensações individuais, a consideração de que o interesse não corromperá a ordem política a depender de como cada um o entenderá não se torna uma questão fundamental. A separação entre a doutrina tocquevilleana e a utilitarista é ainda maior se notarmos que o cálculo da utilidade, nesses termos, prescinde de uma ordem moral, ao passo que a doutrina des-

---

27 Para o utilitarismo benthaniano, não há um Bem supremo que justifique a distinção entre felicidade/prazer, pois as ideias de bem e mal não são derivadas de um objeto que possui tais atributos, mas da sensação advinda do contato com esses objetos que um sujeito sente. Não haveria razão, para essa tradição, em afirmar que um determinado modo de vida ou um conjunto de disposições seria virtuoso. (ver: ARAÚJO 2006).

crita por Tocqueville é hostil ao tipo de cálculo que aceita o ponto de vista do indivíduo isolado como natural (cf. MANSFIELD; WINTHROP 2006, p. 93).

Qual a noção Tocqueville sustentaria, quando emprega o termo "costume" (*moeurs*) e "hábitos" (*habitudes*)? Nas palavras dele: "lembro aqui ao leitor o sentido geral em que emprego a palavra costume. Entendo por essa palavra o conjunto das disposições intelectuais e morais que os homens trazem consigo, no estado de sociedade" (TOCQUEVILLE 2001, p. 541, nota 8; DA, TI, P2, c9).[28] Não se trata, portanto, de um cálculo individual ou radicado em si mesmo – e não haviam sido meticulosamente observados pelo autor os trabalhos dos legisladores que concederam vida a cada porção do território, descentralizando o poder; a administração dos pequenos negócios e as associações de mil matérias; a criação dos jornais e de eventos que reuniam os homens, a despeito da teimosa tendência ao autocentramento, inveja e orgulho, as paixões despertas nesses tempos?

Do mesmo modo que as religiões poderiam se valer do puro amor a Deus, aduzindo os homens à meta que possuem, isto é, o interesse na conquista dos céus e isso produzia uma capacidade de ação singular e quase natural entre os protestantes estadunidenses, os costumes também criariam tal naturalização para a vida em comum. É preciso entender que a suposição tocquevilleana de que para alcançar a felicidade neste mundo "um homem, resista em todas as circunstâncias ao instinto", que "pese friamente todos os atos de sua vida" e tenha "se acostumado a sacrificar sem esforço o prazer do momento ao interesse permanente" (TOCQUEVILLE 2004, p. 152; DA, TII, P2, c9) visa a realçar que tal homem não contabiliza os custos de agir desse modo, pois "a razão mesma o aconselha a fazer assim e o costume preparou-o de antemão para suportá-lo" (TOCQUEVILLE 2004, p. 152; DA, TII, P2, c9). É

---

28 Há outra passagem, *n'A democracia*, na qual o autor define costumes associando o termo a "mores": "Entendo aqui a expressão costumes no sentido que os antigos davam à palavra mores. Não a aplico apenas aos costumes propriamente ditos, que poderíamos chamar hábitos do coração, mas também às diferentes noções que os homens possuem, às diversas opiniões correntes entre eles e ao conjunto das ideias de que se formam os hábitos do espírito" (TOCQUEVILLE 2001, p. 338; DA, TI, P2, c9).

que certos quanto ao fundamento de sua esperança e conduta, não deixaria de parecer sensato e justo aos homens (portanto, de acordo com o seu próprio bem) agir de tal modo. O que Tocqueville encontrou observando tais disposições não foi senão uma nova ideia de perfectibilidade humana. Argumentou ainda que, à criatura, certa quanto ao fundamento de sua esperança e conduta, não deixaria de parecer prudente agir de tal modo, uma vez que: "[...] não se deixará deter facilmente e julgará sensato arriscar alguns dos bens deste mundo para conservar seus direitos sobre a imensa herança que lhe prometem no outro" (TOCQUEVILLE 2004, p. 152; DA, TII, P2, c9). A aplicação da doutrina do interesse bem compreendido em matéria de religião, portanto, parece residir neste ponto: as religiões valem-se dessa crença (genuína ou não, mais amansada ou febril, pouco importa) ajustada pela razão e pelo costume. Poderíamos pensar, analogamente, que a doutrina do interesse não versa sobre o interesse mesmo, sobre o objeto do desejo, mas sobre como as disposições são criadas pelo costume. Por fim, Tocqueville não sinalizou ingenuamente a nenhuma facilidade da tarefa no artifício que engendra o interesse comum e particular. Pelo contrário, ao tratar do modo pelo qual os homens combatem o individualismo mediante as associações, a composição das leis e mantêm um gosto pela liberdade, o autor emprega termos que denotam a dificuldade de fazer os homens individualistas desviarem o centro de suas ações de si mesmos. Eles são "forçados a se ocupar dos negócios públicos", "tirados do meio dos seus interesses individuais" e "arrancados à visão de si mesmos" (TOCQUEVILLE 2004, p. 125; DA, TII, P2, c4).[29]

É por essa razão que nos parece coerente sustentar a interpretação de que Tocqueville tentava depreender de uma experiência histórica específica os elementos desejáveis aos estados sociais democráticos no geral. Para tanto, Tocqueville imprime um caráter retórico na sua prosa, visando admirar e mover a sua audiência. Disso não deixa dúvidas a proposição, em forma de síntese, que incitaria à ação os seus ouvintes: "os americanos combateram pela liberdade o individualismo que a igualdade fazia nascer, e

---

29 Marcelo Jasmin chama a atenção para o emprego de verbos cujo campo semântico remete à força ou à "linguagem do comando político" (JASMIN 2005, p. 84, nota 13).

QUANDO A POLÍTICA CAMINHA NA ESCURIDÃO

venceram" (TOCQUEVILLE 2004, p. 150; DA, TII, P2, c8). O teor elogioso das descrições dos costumes estadunidenses, constituídas de frases hiperbólicas e carregadas de adjetivos, foi a escolha argumentativa de Tocqueville: uma escrita tão mais pungente quanto mais pretendia instruir o comportamento dos franceses, a quem se destinava a obra. Ou, para empregarmos os termos de Schleifer, o que foi dito sobre a América seria, "em ampla medida, uma resposta a sua audiência francesa" (SCHLEIFER 2000, p. 293).[30]

É por essa razão que não nos parece correta a interpretação segundo a qual Tocqueville empreendera uma descrição positivista da democracia estadunidense, como foi amplamente lido. Antes, ele constituiu a sua escrita de expedientes de persuasão,[31] a fim de legitimar o estado social de igualdade

---

30 Que Tocqueville tenha empreendido um esforço de categorização bem como de convencimento é interpretação comum a Schleifer, mas também a Guellec e Lefort. Diante de homens ou inteiramente devotados à causa republicana, ou a remanescentes do jacobinismo, bem como a ultramonarquistas, que pareciam querer refazer o casamento do trono com o altar, com nenhum destes grupos Tocqueville se identificava e era a eles que a sua prosa (sua "literatura política", como ele mesmo afirma ser a sua matéria em uma carta enviada a Kergolay, em 15 dezembro de 1850) se dirigia incisivamente.

31 O que operaria uma dissociação na máxima do período, segundo a qual as práticas da literatura, do discurso científico e da eloquência política se acomodavam perfeitamente. Alguém poderia redarguir que também Mme. de Staël, ao advertir o uso de ideias gerais, partilhara a crença na experiência (ou, o que dá o mesmo, a desconfiança da imaginação). Nesse ponto, de acordo com Guellec, parece-nos preciso afirmar que certa desconfiança nas "representações inexatas", advindas ora da literatura ora das ideias filosóficas, é comum aos autores. Entretanto, ainda que não tivesse abandonado completamente a filosofia do Esclarecimento, o que pode ser notado mediante análise do léxico empregado por Tocqueville ao tratar dos costumes estadunidenses, de modo nenhum o autor endossaria que o orador da república pudesse ser o escritor com a autoridade quase sublime de fixar as leis e isso, podemos nós supor, devia-se ao modo pelo qual a Revolução empreendera a relação entre as Letras e as ações revolucionárias. Mme. Staël almejava que a república pudesse encontrar o seu "grande comentador dos casos públicos" (GUELLEC 2006, p. 170). Tocqueville, por sua vez, ressaltava a disjunção evidente entre literatura e governo. Como se evidencia nas seguintes palavras do Antigo Regime e a Revolução: "Enquanto na Inglaterra os que

de condições na França. Sobre esse aspecto, endossamos a tese de Guellec (2004), a quem o uso pródigo de recursos expressivos e estilísticos, o apelo constante ao leitor, permite notar Tocqueville em processo retórico e, portanto, dirigindo-se a uma audiência ampla, em vez de ler a sua obra como um tratado exclusivo acerca da nova forma de governo na América. Essa interpretação é, de resto, inteiramente coerente com a declaração tocquevilleana, numa primeira versão dos rascunhos d'*A Democracia*, na qual lemos a seguinte declaração: "eu não disse tudo o que eu vi, mas eu disse tudo o que eu acreditava ser ao mesmo tempo verdadeiro e útil a apresentar e sem pretender escrever um tratado sobre a América, eu sonhei apenas em ajudar os meus concidadãos resolver uma questão que deve nos interessar mais vivamente" (TOCQUEVILLE 2010, p. 4).

Desse modo, quando observamos toda a estrutura do argumento do autor, notamos que o autor altera o plano do discurso e se dirige diretamente aos seus conterrâneos, anunciando que em vez de se render à dificuldade do seu tema, que poderia levá-lo a suspender o juízo acerca do que acabara de descrever, exortaria a moral dos americanos, a doutrina do interesse bem compreendido como "[...] de todas as teorias filosóficas a mais apropriada às necessidades dos homens do nosso tempo" (TOCQUEVILLE 2004, p. 149). Com efeito, o argumento não assinala nenhuma ilusão acerca da influência que apenas as associações avaliadas sob sua pena teriam sobre a república francesa, mesmo porque em nenhum momento ele prediz tais instituições estadunidenses como remédio exclusivo para os males trazidos pela igualdade de condições em quaisquer sociedades. Pelo contrário, o francês reconhece que, diferente da sociedade dos salões (a frequentada por ele, aliás, na qual seu livro correria), nas quais os poucos poderosos, reunidos e prestigiados pelos demais, atuam direta e decididamente no curso da sociedade, as as-

---

escreviam sobre o governo e os que governavam estavam unidos, estes, para introduzir na prática as novas ideias, os outros para corrigir e delimitar as teorias com a ajuda dos fatos, na França, o mundo político parece ter-se dividido em duas províncias isoladas, sem mútuo relacionamento. Na primeira, administra-se; na segunda, estabelecem-se princípios abstratos que deveriam fundar qualquer administração".

sociações das sociedades democráticas, por seu turno, precisam comportar um grande número de cidadãos para que tenham alguma força expressiva. Se Tocqueville enxerga nas associações o correspondente à ação dos "particulares poderosos" (das sociedades aristocráticas) é porque, mediante elas, os homens independentes, isolados e fracos, tal como a igualdade os fizera, poderiam adquirir a capacidade e o costume de produzir coisas em comum e por si mesmos, sem que as suas ações fossem expostas aos caprichos da vontade de outrem – reestabelecendo assim a relação ideal entre a igualdade e a liberdade.

Tocqueville não adota uma caracterização vulgar humana, como se um passado idealizado fosse o celeiro de todos os bons homens e ao presente só restasse a degradação moral. Na verdade, reiteramos, não há algo como a degeneração moral ou o recurso a categorias antropológicas, senão os traços do individualismo e as paixões que a igualdade fazia nascer, como descrito em toda *A Democracia*. Isso nos permite afirmar que ele enraíza historicamente as suas análises e se dirige a sociedades históricas, cujo fundamento de ação, o irredutível da moral, havia mudado: a partir de então não seria mais possível postular a virtude senão associada ao interesse. Há, portanto, uma espécie nova de virtude,[32] menos generosa, mas acessível a todos; não mais amparada no amor desinteressado, certamente, mas nascida das luzes, o que acaba por confundi-la com o interesse pessoal, nos termos de Tocqueville:

> Não é de saída que essa verdade penetra no espírito dos ricos. Em geral eles resistem a ela enquanto dura a revolução democrática [...] Admitem de bom grado fazer bem ao povo, mas querem continuar a mantê-lo cuidadosamente a distância. Creem que isso basta, enganam-se. Eles se arruínam assim, sem aquecer o coração da população que os rodeia (TOCQUEVILLE 2004, p. 128; DA, TII, P2, c4).

---

32 A alusão é feita ao termo de Jean-Fabien Spitz "vertu d'espèce nouvelle" (SPTIZ 1995, p. 455) que, deve ser ressaltada, não é nova, nos termos toquevilleanos, porque ele atribui à Montaigne.

A doutrina do interesse bem compreendido cede aos homens a percepção de que há dependência entre eles, e que trabalhar com vistas à prosperidade comum é também atender aos próprios interesses. Em outras palavras, todos compreendem que o interesse também está em agir em favor da felicidade dos semelhantes, mas sem apagar a própria felicidade. A doutrina, deste modo, não produzia grandes devoções, mas indicava aos homens "pequenos sacrifícios", tanto "a quem os impõe a si quanto a quem deles se aproveita" (TOCQUEVILLE 2004, p. 148; DA, TII, P2, c8), sacrifícios estes, por sua vez, que não produziam heroísmos, que não elevavam alguns poucos homens acima do nível da humanidade, mas toda a espécie (TOCQUEVILLE 2004, p. 149; DA, TII, P2, c8); que tornavam ainda mais raras as virtudes extraordinárias, é verdade, mas amainavam as depravações (TOCQUEVILLE 2004, p. 149; DA, TII, P2, c8) e estendia a virtude à totalidade dos cidadãos, regularmente temperados e, fundamentalmente, senhores de si. A doutrina do interesse bem compreendido é generalizável como a teoria filosófica democrática por excelência, concluímos, porque, mergulhados no abismo e na insignificância da multidão, é uma atuação virtuosa do homem a despeito de si mesmo, pois

> Várias das paixões que gelam os corações e os dividem são obrigadas então a se retirar para o fundo da alma e aí se esconder. O orgulho se dissimula; o desprezo não ousa manifestar-se. O egoísmo tem medo de si mesmo. (TOCQUEVILLE 2004, p. 126; DA, TII, P2, c4).

CONCLUSÃO

Tocqueville, o poeta da democracia

La poésie, à mes yeux, est la recherche et la peinture de l'idéal.

Tocqueville
De la démocratie en Amérique

Est poète celui auquel la difficulté inhérente à son art donne des idées, - et ne l'est pas celui auquel elle les retire.

Paul Valéry
Rhumbs

Difícil recusarmos a irônica afirmação feita por David Large de que a obra tocquevilleana tem servido como uma espécie de espelho, no qual os comentadores miram apenas para encontrar eles mesmos: "Os liberais enxergaram nos escritos de Tocqueville contornos nítidos dos tipos de liberalismo que lhes são próprios; os conservadores e neoconservadores insistiram que ele não era inteiramente liberal, mas – como eles – um arguto crítico do liberalismo" (LARGE 1989, p. 928-9).[1] Para alguns comentado-

---

1   Que as leituras americanas tampouco escaparam da projeção, como também fizeram as francesas, é a suposição feita por Guellec (2008, p. 223).

res, como Robert Dahl e David Truman, cujas leituras foram realizadas após a Segunda Guerra Mundial, Tocqueville não seria senão um teórico liberal que, ao enfatizar as associações civis, oferece uma análise pluralista da política moderna, a partir da exemplar experiência norte-americana (cf. WELCH 2006, p. 3; ZUNZ 2006, p. 371). A outros teóricos, como Raymond Aron (cf. ARON 2003, p. 317-8), evidenciar o "fato democrático" na pena do autor liberal iluminaria certa tradição sociológica (a qual remontaria a Montesquieu), mediante a qual se apresenta uma alternativa às análises que realçam características comuns às sociedades que se desenvolvem a partir do "fato industrial" (como queria Comte) ou "capitalista" (na análise de Marx). Ainda segundo Aron, tais análises do século XIX distam da tocquevilleana, pois, ao enfatizarem a força estruturante dos "fatos", deixariam de notar a variação de regimes políticos possíveis, qualquer que fosse o fundamento sociológico, por assim dizer.

Para outros críticos, como Seymour Drescher, Tocqueville seria apenas um porta-voz dos proprietários, especialmente em 1848, que justificaria a pobreza industrial sob o argumento da ação Providencial na história. Além disso, Tocqueville estaria definitivamente comprometido com os próprios investimentos em estradas de ferro na América (DRESCHER 1988, p. 253),[2] o que justificaria o desenvolvimento de uma teoria moral amparada nos interesses. Parece consolidada também, tanto no Brasil quanto nos Estados Unidos, a leitura sustentada pelos chamados "neotocquevilleanos", segundo a qual o parisiense seria o grande teórico da sociedade civil, cujas análises prescreveriam a necessidade de multiplicação de experiências de poder local e instituições participativas – ou do aumento do "capital social" –, como me-

---

2   Seymour Drescher comenta o livro *The Strange Liberalism of Tocqueville*, indicando algumas omissões operadas pelo autor, Roger Boesche, que supostamente comprometeriam o argumento acerca do "estranho liberalismo tocquevilleana" (cf. DRESCHER 1988, p. 253-5). Lucien Jaume também aponta esses interesses econômicos do "proprietário" toccquevilleano. Deixamos essas objeções apenas assinaladas como ecos do trabalho tocquevilleano, pois não temos o menor interesse metodológico em escavar uma motivação, uma razão biográfica última, que justificaria a obra.

QUANDO A POLÍTICA CAMINHA NA ESCURIDÃO

canismo de consolidação da democracia.[3] E, não menos, o interesse dos filósofos comunitaristas (dentre os quais, Charles Taylor e Michael Walzer) em tomá-lo como esteio de suas críticas ao excessivo materialismo democrático, em uma sociedade marcada pela "hiperindividualização" (cf. AUDIER 2004).

Do outro lado do Atlântico, na França, apenas na década de 1970, a partir das leituras de François Furet e Pierre Manent, que viram em Tocqueville parte privilegiada da genealogia liberal; Claude Lefort e Jean-Claude Lamberti, aos quais importava marcar na obra aspectos nítidos do republicanismo ou do civismo democrático; e, mais recentemente, com os esforços de Françoise Mélonio, Cheryl Welch, Pierre Rosanvallon, Aurelian Craiutu e Laurence Guellec,[4] entre outros pesquisadores, é que as reflexões de Tocqueville passaram a ser associadas às questões próprias do início do século XIX e, especialmente, aos seus interlocutores (entre os quais, na França, Madame de Staël, Benjamin Constant, François Guizot, Pierre-Paul Royer-Collard e, na Inglaterra, Jeremy Bentham e John Stuart Mill), sem que o argumento do autor fosse subsumido ao movimento mais amplo das ideias do período. Tais leituras críticas, que situam o pensamento do autor em seu contexto histórico, parecem ter enterrado de vez o autor outrora conhecido apenas por suas profecias, ao menos se creditarmos as conclusões do Colóquio Internacional realizado, em 2005, por ocasião do bicentenário do nascimento do autor, reunidas no *Reading Tocqueville: from Oracle to Actor*.

Longe de alguma leitura se estabelecer como a elaboração definitiva – e isso nem seria desejável –, a obra de Tocqueville ainda suscita questões acerca do fundamento da autoridade moral no estado social democrático,

---

3   Klaus Frey expressa essa apropriação da obra, sustentando que sendo notados "déficits referentes à inclusão da dimensão "poder local" na teoria do Estado moderno", tomará a obra de Tocqueville para fundamentar teoricamente uma "abordagem democratizante da descentralização político-administrativa" (Ver: FREY 2000). Para críticas aos pressupostos dessa leitura neotocquevilleana, ver DANA VILLA 2006.

4   Quanto a Craiutu, quem não faz parte da academia francesa, mas foi incluído no conjunto pela especificidade da abordagem. Como os demais autores, as obras foram indicadas ao longo do livro.

da relação entre a religião e a política, do individualismo e da apatia cívica nas sociedades contemporâneas, do papel dos agentes políticos em face da história, da relação entre as instituições e os costumes em uma sociedade democrática, da emergência da opinião pública e dos totalitarismos, após a Revolução Francesa. Mesmo leituras ditas "canônicas" na tradição de estudos tocquevilleanos são submetidas a novas discussões e, até mesmo, reedições.[5] Além do volume Œuvres choisies, publicado na prestigiadíssima coleção "La Pléiade", uma pesquisa elementar na seção "tocquevilleana" da revista franco--americana *The Tocqueville Review/ La Revue Tocqueville* pode ser reveladora da profusão de temas e novas leituras das obras elaboradas a partir das cartas e notas de preparação dos livros do autor; dos discursos parlamentares de Tocqueville e cartas pessoais; da comparação de aspectos da sua obra com a de outros autores, inserindo-o em tradições distintas do pensamento político, especialmente a liberal e a republicana; ora tornando-o um conservador ou um democrata convicto.

Que tantos rótulos pudessem ser produzidos, nem mesmo ao próprio autor isso teria escapado. Como já citamos na Introdução deste trabalho, no ano da publicação do Tomo I de sua obra, em 1835, Tocqueville escreve a Eugène Stoffels, a propósito da leitura que o amigo tinha feito de sua obra. Após sumarizar o propósito político *d'A Democracia*, ele afirma ter feito uma pintura rigorosamente exata do povo democrático, pretendendo produzir um duplo efeito sobre o espírito dos homens do seu tempo: alertar aqueles

---

5   Poderíamos citar o clássico "The Intellectual Origins of Tocqueville's Thought", de François Furet. Texto seminal para a construção do chamado "paradigma tocque-villeano", originalmente publicado na *Tocqueville Review*, em 1985-86, tornando-se, em 2005, um capítulo do livro *Tocqueville et l'esprit de la démocratie* (GUELLEC 2005). Citamos também o controverso "Many Tocquevilles", de Robert Nisbet, publicado em 1976-77, na *American Scholar*, amplamente citado entre os comentadores de Tocqueville e minuciosamente contestado em "Too Many Tocquevilles: The Fable of Tocqueville's American Reception", publicado em 2008, no *Journal of the History of Ideas* (Ver: MANCINI 2008). Nosso objetivo não é expor tais debates, mas apenas indicar que o campo de estudos tocquevilleanos está em constante elaboração e mesmo leituras clássicas são constantemente submetidas à reavaliação.

QUANDO A POLÍTICA CAMINHA NA ESCURIDÃO

que tinham pintado o quadro da democracia com "cores falsas" das condições necessárias para estabelecer um bom governo, bem como mostrar àqueles que viam na democracia a pura anarquia que aquele "não era tempo para deliberação" e que a sociedade marchava inevitavelmente em direção à igualdade das condições. O fato é que, ao tentar diminuir o ardor dos primeiros e o terror dos últimos, ele agradava a pessoas de opiniões diversas, menos porque elas o entendiam, parafraseando o autor, mas porque tomavam apenas "os argumentos da obra favoráveis à paixão deles do momento" (TOCQUEVILLE 2003, p. 314-5). O que, talvez, não seja tão claro é a razão pela qual uma obra assim apropriada por distintas correntes e linguagens políticas da história, parece ter beirado o esquecimento (mesmo entre os franceses) ou, ainda, caberia entender por que toda essa produção ocorreu de modo mais intenso nos últimos cinquenta (com intensificação vertiginosa nos últimos vinte anos). Note-se que na ocasião do centenário do nascimento do parisiense, em 1905, segundo Aurelian Craiutu, não houve simpósios de celebração em nenhum dos lados do Atlântico, tampouco a sistematização das obras completas de Tocqueville fora terminada.[6]

A despeito do sucesso do primeiro volume d'*A Democracia*, a obra pode ter conhecido certo esquecimento por razões que não nos caberia investigar nessa conclusão, mas do qual possuímos alguns indícios recolhidos da

---

6   O que contrasta com os eventos do bicentenário do nascimento de Tocqueville, segundo Craiutu (CRAIUTU 2008, p. 113), ocorridos na Alemanha, Argentina, Bélgica, Canadá, Estados Unidos, França, Japão, Itália e Polônia. O que pode ser lido também no número especial, XXVII, da revista *Tocqueville Review/La Revue Tocqueville* (Vol. XXVII, No. 2, 2006). Sabemos que é contestada por Mancini a afirmação de que a obra mais conhecida de Tocqueville, *A Democracia na América*, não tinha sido reeditada até meados do século XX (CRAIUTU 2008, p. 112-113). Mais que isso. O autor também acusaria de "sabedoria convencional", advinda do espraiamento da leitura de Nisbet, a ideia de que Tocqueville teria ficado à sombra até os anos de 1940 (MANCINI 2008, p. 246-7). Que Mancini, em verdadeira pesquisa editorial, tenha provado que a obra de Tocqueville havia recebido muitas edições antes da Segunda Guerra Mundial, parece incontestável. Parece-nos possível sustentar, a despeito do artigo, o inegável adensamento nas publicações nos últimos anos cinquenta anos.

própria história da recepção da obra: talvez porque o mundo estivesse muito preso à certeza da perfectibilidade que as teorias do progresso lhe conferiam; talvez porque os homens confiassem na centralidade que alguns atores políticos teriam na construção de uma nova ordem econômica e política; talvez porque os homens, então, acreditassem que a política não seria o campo privilegiado da realização de bens não tangíveis, em termos pocockianos, como a liberdade e a virtude; talvez compreendessem, como o autor, que a liberdade é meio para alcançar os direitos individuais e a própria felicidade, mas estivessem, então, tão seguros da liberdade que por ela poderiam deixar de zelar; talvez a democracia estivesse tão naturalizada como forma de governo que não mais fosse vista como um artifício humano no qual se combinam, ideal e fragilmente, a igualdade e a liberdade. Ora, são diversas as causas que poderiam justificar o longo tempo em que a obra tocquevilleana recebeu raríssimas análises, as quais remontariam um novo plano de pesquisas. O que nos parece inegável, de todo modo, é que, durante esse tempo, muitos rótulos foram empregados e diversas formulações fizeram-se abrigadas e justificadas sob a pena tocquevilleana.

Talvez a formulação entre as mais precisas da razão pela qual Tocqueville instiga autores das mais distintas vertentes teóricas e políticas seja a de Lucien Jaume ao afirmar que o autor atingiu o "coração democrático" [*coeur démocratique*] (JAUME 2008, p. 35-44). O que nos parece aludir ao fato do parisiense não apenas pintar quadros do aspecto exterior da democracia, mas mensurar o movimento da ideia, escavar a natureza da igualdade de condições (cf. MANENT 1993), explicitar o seu sentido e, por isso, reconhecer as fragilidades e possibilidades do "fato primeiro" inscrito no mundo, como ele intenciona: "quero investigar se, entre as ações, os sentimentos e as ideias dos povos democráticos não há que se prestem à imagem do ideal e que, por esse motivo, devamos considerar como fontes naturais de poesia" (TOCQUEVILLE 2004, p. 83; DA, TII, PI, c17).

O que poderia se prestar ao ofício do poeta – poesia, aqui, nada deve ao simbolismo, ou ao sentimento da natureza - àquele cujas dificuldades de análise não lhe retiravam as ideias? Como argumentamos no Capítulo I,

Tocqueville enfrenta o abismo que havia rompido com a ordem desigual precedente, a ordem de seu nascimento. Lança-se à democracia, não como um seu amante, mas porque de nada adiantaria fixar-se na ordem anterior. Se havia inquietação diante do novo estado social, partilhada entre as vozes da sua geração, Tocqueville acolhe o desafio de retratar a feição da democracia, em vez de a ela se opor como a um inimigo. Eis o autor filiando-se a um sistema de pensamento que não se estagna nem no encanto que a nova realidade proporcionaria (como as teorias do progresso) e tampouco se resigna no espanto diante da abertura entre os dois mundos (como as teorias conservadoras).

A revolução democrática, lembramos, era caracterizada pelo autor como um fato universal, duradouro e cujo movimento escapava do poder humano. Mas se não seria sensato e nem desejável (TOCQUEVILLE 2004, p. XII; DA, TII, "Advertência") voltar-se contra ela, tampouco poderia ser dito que os séculos de desenvolvimento da igualdade de condições garantiriam a inscrição de uma ordem amparada na liberdade do outro lado do abismo. É verdade que a democracia é valorada pelo seu caráter de justiça, isto é, o fato de instituir uma ordem comum amparada na igual liberdade a todos, perfazendo a sua "grandeza", um regime justo e amplo. Princípio de igualdade que, na pena de Tocqueville, arremata um critério estético, além do justo: faz também a "beleza" do novo estado social. Ora, poderia parecer que Tocqueville, autor arguto, conferiria à realidade um efeito de evidência. Tal como um monumento, o estado de igualdade de condições evocaria por si mesmo a sua legitimidade, a garantia de sua permanência, de sua grandeza e sua beleza (TOCQUEVILLE 2004, p. 407; DA, TII, P4, c8) evidentes aos olhos do escritor? O processo de igualdade, então, se imporia pelo seu efeito de surgimento a despeito da vontade humana, imprimindo seus contornos às artes, à linguagem, aos gostos e costumes? O estenógrafo, com efeito, estaria elaborando as suas ideias a partir de uma concepção histórica fatalista? Como compatibilizar tal intenção de análise, associada eminentemente ao plano do fato, com o foco narrativo visando a persuasão (isto é, agradar e comover os ouvintes), explícito na primeira parte do Tomo II d'*A Democracia na América*: "quero investigar se, entre as ações, os sentimentos e as ideias dos povos democráticos não há que se prestem à imagem do ideal [...] (TOCQUEVILLE 2004, p. 83; DA, TII, PI, C17).

É preciso reconhecer que uma das interpretações possíveis acerca da Providência, artesã das órbitas dos astros e acontecimentos, é a de que ela fornece no argumento tocquevilleano uma explicação que se pretende retoricamente incontestável acerca do aparecimento do fato primeiro, da igualdade, lembrando aos homens a força de sua inscrição na realidade. Entretanto, após caracterizar o desenvolvimento da igualdade de condições como um ato providencial, logo, em panorama vastíssimo, o autor não se demora a acrescentar, como vimos nos capítulos anteriores, tintas humanas e a desfazer a estreiteza desse círculo desenhado por uma potência única: "todos os homens contribuem para ele [o desenvolvimento da igualdade]" (TOCQUEVILLE 2001, p. 3; DA, TI, Advertência da 12ª edição). Portanto, a evidência da igualdade de condições, a força monumental que essa condição imprime no mundo e os escombros deixados pelo Antigo Regime é matéria de registro, de documentação, por assim dizer. A matéria da poesia está no ato de acomodar em mãos humanas este fato bruto que foi recebido da Providência. Isso, apesar da enorme dificuldade de separar esses planos da escrita, quando se trata de uma obra mergulhada na retórica, tal como é *A Democracia na América*.

Ao tratar o modo pelo qual a igualdade alterou a fisionomia da sociedade estadunidense no campo das artes, Tocqueville define o poeta como aquele que subtrai uma parte do que existe no mundo real, acrescendo, por exercício da imaginação, alguns novos traços; combina certas circunstâncias reais; completa e amplia a natureza. Ao olhar para a democracia, em oposição à disposição literária natural ao mundo aristocrático, mundo esse repleto de atos grandiosos, e examinar os sentimentos e as opiniões que nela se desenvolvem (entre outros, o amor pela fruição material, a concorrência, a ideia disseminada do sucesso, a instrução recebida sem muito trabalho e com pouca erudição [cf. TOCQUEVILLE 2004, p. 84; DA, TII, PI, C17]), o autor estava em busca de novas fontes que se prestam a uma imagem ideal. No artifício, como se tentou evidenciar, inclui-se a linguagem, não apenas em sua dimensão idiomática, mas em seus recursos de expressão e estilo. É por uso pródigo

QUANDO A POLÍTICA CAMINHA NA ESCURIDÃO

desses recursos, sejam estes, o gosto pelos paradoxos, o emprego da ironia, os laivos de imaginação (os infindáveis cursos propostos na obra: "imaginemos se..."), as incansáveis reconstruções e emprego de metalinguagem, a invocação do leitor, as belas metáforas, entre outros expedientes, que tentamos propor a leitura de Tocqueville em deliberado processo retórico, em acordo com a tese de Laurence Guellec (2004). Outrora, a ventura de um único homem poderia figurar como tema central de um retrato. Todavia, rompida a compreensão de superioridade natural de que alguns gozavam nas sociedades aristocráticas, são os iguais ou o gênero humano que devem se prestar à grandeza do tema, como refletidamente a nação democrática o advoga – fazendo do romance, aliás, o gênero dessa forma de sociedade: "as nações democráticas percebem mais claramente do que todas as demais sua própria figura, e essa grande figura se presta maravilhosamente à pintura do ideal" (TOCQUEVILLE 2004, p. 86; DA, TII, PI, c17). Os homens e os seus atos constituem a matéria própria nessa nova ordem social, da qual os poetas querem pintar antes "paixões e ideias" (TOCQUEVILLE 2004, p. 88; DA, TII, PI, c17), por isso Tocqueville argumenta que não se poderia procurar a figuração ideal nas formas eternas e misteriosas, no céu e na terra, nos deuses e anjos, e sentencia: "[...] resta-lhe [à poesia] o homem, e, para ela, basta" (TOCQUEVILLE 2010, p. 841).

Ora, se o métier do poeta está no ato de recriar as realidades, embaçar os contornos, confundir e desfazer as próprias certezas, não seria ele mesmo, Tocqueville, o poeta de homens que caminham na escuridão – a operarmos uma analogia derivada das definições da tal arte oferecidas pelo nosso autor? Lembremos, nas palavras dele, a poesia é pintura e a busca do ideal. Se isso é verdadeiro, isto é, se é ele o poeta, confessadamente o é da democracia, pois não se embrenhou nos mistérios do céu, na proeza dos poucos, na virtude sublime do esquecimento de si e na elevação de uma sociedade fechada, como o era as aristocráticas. Coerente com o movimento das suas análises, é na vida dos muitos e pequenos homens, que Tocqueville indicará o tema da sua poesia que comporta infinitas imagens, associações, recuos e profecias. Sempre em busca do movimento da igualdade de condições que abrira o mundo em dois tempos.

Se a sociedade havia rompido a ordem comum amparada na vontade de um ou na de poucos, não havia razão para colocar à frente da imagem (democrática) um único homem, razão pela qual se elege o gênero humano como tema da representação, uma vez que as categorias "povo" e "nação" passavam a constituir a autoridade moral, além da titularidade da soberania (no caso francês, desde a resolução do Parlamento em 17 de Junho de 1789; na América, segundo Tocqueville, a soberania popular reinava inconteste desde a sua fundação). Com efeito, nas sociedades de igualdade de condições, não haveria matéria mais cara àquele que desejava clarear os princípios das próprias sociedades: "Impossível conceber algo tão pequeno, tão apagado, tão repleto de miseráveis interesses, tão antipoético, numa palavra, do que a vida de um homem nos Estados Unidos" (TOCQUEVILLE 2004, p. 87; DA, TII, PI, C17). A despeito dessa afirmação resistente, não parece que em outro lugar senão no meio dessas criaturas pequenas, apagadas e antipoéticas, que Tocqueville buscará a matéria de sua poesia, os princípios da igualdade e da liberdade política, e sua ameaça, como o fez nos dois volumes d'*A Democracia*. Desse modo, parece ser plausível o nosso argumento de que é a figuração do homem simples e devotado aos seus interesses e a sua própria felicidade, do *quaker* pensilvaniano, inteiramente grande e responsável em sua modéstia, sobretudo na síntese dos costumes que a imagem evoca, que fornece a Tocqueville a experiência local, o mito – como um instrumento retórico –, capaz de amparar as suas formulações acerca dos povos democráticos.

Se as suas imagens se prestam a um projeto de instrução, não parece fazer sentido as acusações de que Tocqueville amparava-se em um éden estadunidense.[7] O fascínio que os ingleses no Novo Mundo despertam, ao final do XVIII e início do século XIX, não era incomum, como afirma Ozouf: "uma verdadeira paixão pelos Estados Unidos tomara conta dos franceses nos anos que precederam a Revolução, como testemunham Chateaubriand

---

7   A análise do capítulo "Algumas considerações sobre o estado atual e o futuro provável das três raças que habitam o território dos Estados Unidos" (TOCQUEVILLE 2001, p. 373-453; DA, TI, P2, C10) minaria qualquer possibilidade de sustentar com coerência que Tocqueville descreveria apenas com entusiasmo a experiência estadunidense.

QUANDO A POLÍTICA CAMINHA NA ESCURIDÃO

e o próprio Franklin" (ozouf 2009, p. 175-6). O que nos permite afirmar que, se a imagem construída por Tocqueville dos costumes americanos pode figurar como um topos político, a partir do qual considerações são feitas às sociedades democráticas no geral, ele não se encontrava sozinho. Décadas antes, o próprio Benjamin Franklin já havia escrito de Paris, a seus interlocutores do outro lado do Atlântico: "Aqui é comum dizer que nossa causa é a do gênero humano" (apud ozouf 2009, p. 176).[8] Nada ali serviria como mito, no entanto, se não se deixasse criar em novos contornos, se não permitisse a ocultação de parte da verdade, se não se prestasse à fabricação de uma nova legislação, de operação de convencimento para democracia como nova forma de sociedade. Apenas dessa forma é que o mito serve como matéria ao pensamento tocquevilleano.

Não se tratava de um idílio ou de uma análise incompleta ou eivada de erros históricos, pois um mito não se presta senão a um efeito de verdade. Para compreender os alcances normativos que o mito teria, é preciso depurar da experiência específica dos estadunidenses e dos costumes ali criados os princípios que Tocqueville desejava sustentar. Eis o ponto fundamental para não estancarmos a obra do francês nem um campo historiográfico demasiado positivista ou num mero registro de viagens, porque se trata de um livro sobre a democracia, e tampouco em uma análise de pura normatividade, a despeito de alguém como Pierre Manent, assinalando a sensibilidade pascaliana do nosso autor, insistir que se trata de um filósofo político normativo. Cumpre retomarmos a "Advertência" do Tomo II da *Democracia na América*. Nesse texto, parece ficar clara a intenção de Tocqueville ao revelar o êxito da igual-

---

8 Há até mesmo um termo cunhado por Mallet du Pan, a "inoculação americana", que se refere ao fato de muitos intelectuais franceses voltarem da América, em finais do xviii, fascinados com as experiências do Novo Continente, em amplo contraste com a França de hábitos absolutistas. Outras obras mais ou menos do mesmo período retratam o país igualitário em contraste com a França : Mably, em *Observations sur le gouvernement et les lois des États-Unis*; Brissot e Clavière, em *De la France et des États-Unis, ou De l'importance de la Révolution de l'Amerique pour le bonheur de la France*; Gustave de Beaumont, *Marie ou L'esclavage aux États-Unis*; Chateaubriand, *Mémoires d'outre tomb*.

dade na América, sem esconder as suas fragilidades, apontando às demais sociedades democráticas, especialmente a sua França, disposições desejáveis que, do outro lado do Atlântico, foram vistas – o observador o assegura – e teriam sido vistas – o poeta o testemunha.

Tocqueville afirma, em tal texto, não ser um adversário da democracia, razão pela qual quis ser, sobretudo, sincero com ela, assinalando os novos bens trazidos pela igualdade, bem como os perigos por ela anunciados. Disso já tratamos nos capítulos anteriores. Prosseguindo o apelo na "Advertência", o autor se dirige aos leitores, dizendo que havia se esforçado para destruir tanto as simpatias favoráveis quanto os instintos contraditórios nutridos em relação à democracia, mantendo-se, desse modo, constante na sua pretensa imparcialidade. Devemos atentar para o fato de Tocqueville ter empregado o pronome "nós", no início do período, para tratar diretamente com os seus leitores, a audiência francesa: "posto no meio das opiniões contraditórias que *nos* dividem" (TOCQUEVILLE 2004, p. XII; DA, TII, "Advertência"). É possível sustentar o comprometimento com o fato consumado, irresistível e irreversível da democracia ao notar que, nessa operação, o autor pensa a unidade da França à luz de sua experiência na América. Certo é que os leitores notam o esmaecimento na discussão de fundamentos morais nas sociedades democráticas, especialmente na escrita da última parte do tomo II da obra. Entretanto, na "Advertência da 12ª edição", escrita após quinze anos de publicação d'*A Democracia*, Tocqueville reitera que cada página da obra lembraria aos homens que a sociedade havia mudado de forma e que, sendo novas as condições da humanidade, novos destinos se aproximavam (TOCQUEVILLE 2001, p. 3; DA, TI, Advertência da 12ª edição). Com efeito, sua elaboração teria um "interesse atual e uma utilidade prática" (TOCQUEVILLE 2001, p. 4; DA, TI, Advertência da 12ª edição). Que a América fosse o objeto a alimentar o pensamento do autor do outro lado do Atlântico é proposição que cede lugar ao fato de a sociedade passar a constituir a referência da República francesa, um verdadeiro "objeto de estudo" (TOCQUEVILLE 2001, p. 4; DA, TI, Advertência da 12ª edição), assim tomado já no plano da obra do nosso autor. A sociedade oferecia,

QUANDO A POLÍTICA CAMINHA NA ESCURIDÃO

desse modo, o mito de uma república. Mas não a república fundada a partir de um território exíguo e de homens armados. Pelo contrário. A sociedade estadunidense aumentava a sua população, extensão territorial e riqueza, sem ferir o princípio da igualdade, sobretudo, mantendo-se estável e livre na sua prosperidade. Os seus costumes, o conjunto de disposições intelectuais e morais que os homens ostentavam na Nova Inglaterra, mostravam que ela se mantinha virtuosa — sem apagar a busca de cada um pelo objeto de sua felicidade, o seu interesse.

Ora, mas se o autor trata de costumes, como ele faria a extrapolação desse mito para as sociedades democráticas no geral? – alguém poderia indagar. Não estaríamos definitivamente fadados a reconhecer os limites do mito na singularidade da sua composição? Ou, em outras palavras, a imagem delineada a partir de sua experiência na Nova Inglaterra não ficaria confinada à experiência e aos limites americanos? Segundo Tocqueville, os males enfrentados pelas democracias, de modo geral, foram encarados com êxito unicamente pelos americanos ["Aos males que partilham com todos os povos democráticos, aplicaram remédios que, até agora, só eles descobriram" (TOCQUEVILLE 2001, p. 366; DA, TI, P2, c9)]. Ainda assim, alguém poderia argumentar que o país havia se constituído mediante disposições singulares. Seria possível que, no Velho Mundo, aquelas leis e costumes transportados constituíssem o país? A resposta de Tocqueville é peremptoriamente negativa. Mesmo imaginando-se que os homens da Nova Inglaterra pudessem ser diretamente transportados para a Europa, com seus costumes, sua religião e suas ideias, eles ali viveriam certamente sob novas leis e hábitos outros. Todavia, justamente por não serem as únicas instituições possíveis, os únicos costumes e leis convenientes aos povos democráticos, o mito revelaria exatamente uma forma assumida pela democracia entre outras possíveis; o exemplo de um fato primeiro que se permite regrar por leis e costumes (TOCQUEVILLE 2001, p. 371; DA, TI, P2, c9). São instituições singulares, é verdade, mas elas provam a possibilidade de que instituições de mesma natureza e à prova do império da maioria "possam subsistir fora da América" (TOCQUEVILLE 2001, p. 364; DA, TI, P2, c9).

O fato primordial (e argumento inquietante pela sua simplicidade) acerca da possibilidade de extrair generalizações da particularidade da experiência na Nova Inglaterra é que as paixões dos homens na América não são diferentes daquelas apresentadas por homens de outros lugares ou em um mesmo estado social, isto é, as ameaças à democracia, ali notadas, eram ameaças à democracia no geral: "notei que o povo mostrava, frequentemente, na direção dos negócios, um misto de presunção e ignorância, e concluí que, na América como entre nós, os homens eram sujeitos às mesmas imperfeições e expostos às mesmas misérias" (TOCQUEVILLE 2001, p. 365; DA, TI, P2, c9). Eis o ponto que nos interessa particularmente, já que estamos tratando Tocqueville como um teórico da democracia.

Em meio a experiência dos homens da Nova Inglaterra, destacando-se os sentimentos que a igualdade de condições havia lhes conferido – inclusive e, talvez não seja demais dizer, sobretudo, a inveja, a presunção, a ignorância, o ódio –, mas certamente pensando no estabelecimento da democracia na sua França, Tocqueville parece ter encontrado o elemento da sua poesia, a natureza eivada de paixões e interesses nos homens: "entre os pensamentos que a dirigem, há sempre um que é cheio de poesia, e este é como o nervo oculto que dá vigor a todo o resto" (TOCQUEVILLE 2004, p. 87; DA, TII, PI, c17). Interpretamos que, oferecendo contornos a essa natureza vil e, a princípio, intratável, Tocqueville salienta que no exame atencioso do estado social havia notado "grandes e felizes esforços para combater essas fraquezas do coração humano e corrigir esses defeitos naturais da democracia" (TOCQUEVILLE 2001, p. 366; DA, TI, P2, c9).

E quantos não disseram que uma ordem amparada nos interesses, por ser instável, levaria à impossibilidade de instituição da ordem política? Tocqueville recusa essa asserção. Afinal, o gosto pelo bem-estar material constitui o traço saliente e indelével das eras democráticas. O limite imposto a tal disposição, como discutimos na análise da doutrina do interesse bem compreendido, no Capítulo II, não suprime o interesse dos homens. Pelo contrário. É uma doutrina disseminada na sociedade justamente porque não se ampara na *vontade* dos homens, mas nos *interesses* deles (trata-se do "aguilhão que os estimula"). Tocqueville não precisa pressupor, portanto, na conformação do individualismo, se o homem é justo ou bom por natureza, se assentirá a uma norma externa ou não, porque a doutrina prescinde de uma avaliação dessa ordem, isto é, essa teoria moral recusa a recomendação de qualquer mudança nas disposições dos homens que os transformasse em seres abnegados. Os americanos são dispostos a conceder o seu tempo à ordem comum, não porque a beleza inerente a essa ideia possa captar o olhar desses homens – eles estão suficientemente ocupados de si mesmos para contemplar formas admiráveis – mas porque eles reconhecem a necessidade e a utilidade de tal ordem também para a realização dos seus interesses, razão suficiente para não torná-la uma ocupação secundária. É nesse sentido, então, que Tocqueville afirma que o povo americano não era virtuoso – não, pelo menos, ao modo dos aristocratas –, mas que a virtude era essencial na América.

Nas sociedades em que a igualdade se instalava como um fato, o elemento a animar todo o corpo político e a pena do nosso poeta era a admissão dos interesses e das paixões. Paixões essas, outrora vistas como "agentes do vício e do caos que habitam as zonas escuras da psicologia humana" (LLOSA 2004, p. 42), elas recobram o seu espaço na impressão de movimento ao ordenamento político, feito para homens e não para anjos. O endosso de uma definição assim precisa das paixões talvez tenha incomodado quem tanto desdenhou a compreensão desse homem democrático, tão ordinário, furioso, encolerizado; criatura baixa, ávida e egoísta; sobretudo, homem independente, que não se deixa dominar – matéria da prosa política fascinante de Tocqueville. Então, é preciso lembrar que Tocqueville não está em busca dos aristocratas, os seus contemporâneos e pares, que talvez possuíssem a virtude antiga da admirável disciplina moral, de ideias elevadas e da contenção.[9] Diante do abismo temporal e confrontando o dilema iluminista, o autor faz lembrar a falácia da crença civilizatória, a de que a razão e o altar das virtudes seriam suficientes para refrear as paixões do novo regime. Mais do que isso:

---

9   Para tudo o que está sendo descrito aqui, tomamos apenas como modelo de aristocrata o personagem de moral asceta de Thomas Mann, em *Morte em Veneza*, Gustav von Aschenbach.

ele refuta que ausentes as virtudes, apenas no passado ficariam as constituições políticas estáveis, as que contassem com grau acentuado de abnegação, de frugalidade e hábitos amenos. Isso seria o mesmo que afirmar que os modernos seriam sujeitos mesquinhos e apenas poderiam fundar ordens corrompidas com vistas apenas à proteção dos seus direitos naturais.

É tal simplismo binário entre modernos e antigos, eivado de postulações antropológicas, e as suas consequências políticas que Tocqueville refuta. Ao correr, a pena tocquevilleana lança o gênero humano ao segundo corte abismal: o primeiro era o que dividia o mundo entre um passado aristocrático e um futuro democrático; o segundo dobra o homem sobre as suas tentações e desejos, o abismo de suas paixões. Tocqueville atenta para a complexidade desse homem na composição do novo estado social de igualdade de condições, sem atrever-se a silenciar as forças dos abismos. Se os homens possuíam interesses e paixões, aboli-las ou rejeitá-las, predicando assim um "novo homem", criatura essa feita inteiramente de virtudes, seria tarefa insuficiente e inalcançável para a organização de uma ordem comum.

Como se Tocqueville escrevesse em círculos, não é possível precisar se a história da igualdade começa inscrita no mundo por um ato providencial e acaba por repousar nas mãos humanas ou se o marco inicial dessa história só importasse realmente, quando sob regência humana. O primeiro movimento não é passível de comprovação, apenas de crenças; o segundo comporta esse ponto ideal em que se tocam e se confundem igualdade e liberdade. Sabemos apenas que, em sua escrita, Tocqueville petrifica em mito a ideia plástica de uma democracia que se pode regrar por leis e costumes, em uma palavra, por mãos humanas. Desse modo, a obra se presta a algum clarão aos giros da liberdade, quando o presente parece ter lançado uma vez mais os homens e as mulheres à escuridão.

REFERÊNCIAS BIBLIOGRÁFICAS

AGUILHON, Maurice. *O aprendizado da República* (Tradução: Maria Inês Rolim). Rio de Janeiro: Paz e Terra, 1991.

ARAÚJO, Cícero. "Bentham, o Utilitarismo e a Filosofia Política Moderna". Em: *Filosofia Política Moderna: de Hobbes a Marx* (Org. BORON, Atílio). Buenos Aires: Clacso; São Paulo: Universidade de São Paulo, 2006.

ARMITAGE, David; FITZMAURICE, Andrew; CONDREN, Conal (eds.). *Shakespeare and Early Modern Political Thought*. New York: Cambridge University Press, 2009.

ARISTÓTELES, *Rhétorique*. Paris: Les Belles lettres, 1991.

ARON, Raymond. *As etapas do pensamento sociológico* (Tradução: Sérgio Bath). São Paulo: Martins Fontes, 2003.

AUDIER, Serge. *Tocqueville retrouvé. Genèse et enjeux du renouveau tocquevillien français.* Paris : Vrin/EHESS, 2004.

BAKER, Keith. *Inventing the French Revolution*. Ideas in context. Cambridge: Cambridge University Press, 1990.

_____. "Transformations of Classical Republicanism in Eighteenth-Century France". *Journal of Modern History*, 73(1), 2001.

_____. "Political languages of the French Revolution". In: *The Cambridge History of Eighteenth-Century Political Thought* (Eds. GOLDIE, Mark; WOKLER, Robert). New York: Cambridge University Press, 2008.

BEAUMONT, Gustave. *Marie ou L'esclavage aux États-Unis*. Paris : l'Harmattan, 2009.

_____. "Introdução". In: TOCQUEVILLE, A. *Viagem aos Estados Unidos* (Tradução: Plínio Coelho). São Paulo: Hedra, 2010.

BIGNOTTO, Newton. *As aventuras da virtude*. São Paulo: Companhia das Letras, 2010.

BOESCHE, Roger. "The Strange Liberalism of Alexis de Tocqueville". *History of Political Thought* 2, 1981, pp.495-524.

_____. *The Strange Liberalism of Alexis de Tocqueville*. New York: Cornell University Press, 1987.

BRAHAMI, Frédéric. "Supressão e Criação Revolucionária do Tempo" (Tradução: Felipe Freller). *Teoria, Discurso e Ação Política* (org. OSTRENSKY, Eunice). São Paulo: Alameda, 2012.

_____. "Déchirure et production politique du temps. Science et volonté – autour de la Révolution Française". *Incidence*, 7, 2011, p. 249-290.

BULLOCK, Allan. *The Humanist Tradition in the West*. London: Thames and Hudson, 1985.

CHATEAUBRIAND, *Mémoires d'outre tombe*. Paris: Flammarion, 1982.

CÍCERO, Marco Túlio. *Dos Deveres* (Tradução: Angélica Chiapeta). São Paulo: Martins Fontes, 1999.

COHN, Gabriel. "Tocqueville e a paixão bem compreendida". In: *Filosofia Política Moderna: de Hobbes a Marx* (Org. BORON, Atílio). Buenos Aires: Clacso; São Paulo: Universidade de São Paulo, 2006.

COLI, Jorge. "A alegoria da liberdade". Em: *Os sentidos da paixão* (Org. NOVA-ES, Adauto). São Paulo: Companhia das Letras, 2009.

CONSTANT, Benjamin. *Escritos de Política* (Tradução: Eduardo Brandão). São Paulo: Martins Fontes, 2005.

_____ . *De l'Esprit de Conquête et de l'Usurpation*, 1986. Paris : Fammarion.

COUTANT, Arnaud. *Une critique républicaine de la démocratie libérale*. Paris: Mare & Martin, 2007.

CRAIUTU, Aurelian. "Tocqueville and the Political Thought of the French Doctrinaires (Guizot, Royer-Collar, Rémusat)". *History of Political Thought*, xx (3), 1999.

_____ . *Liberalism under Siege – the Political Thought of the French Doctrinaires*. Lanham: Lexington Books, 2003.

_____ . "The Tocqueville Review/La Revue Tocqueville, Alexis de Tocqueville (1805-1859). A Special Bicentennial Issue". Vol. XXVII, No. 2, 2006.

_____ . "Tocqueville's New Science of Politics Revisited: A Few Lessons for Contemporary Political Scientists". *Liberty Matters: A Forum for the Discussion of Matters pertaining to Liberty*. Indianapolis: Liberty Fund, 2014. Acesssado em 20/05/2014. Disponível em http://oll. libertyfund.org/titles/2516.

DARNTON, Robert. *O Grande massacre de gatos – e outros episódios da historia cultural francesa* (Tradução: Sonia Coutinho). Rio de Janeiro: Editora Graal, 1986.

DOYLE, Willian. *Revolutionary France*. Oxford: Oxford University Press, 1999.

DRESCHER, Seymour. "Review: The Strange Liberalism of Alexis de Tocqueville by Roger Boesche". *The Journal of American History*, 75 (1), 1988, pp. 253-4.

_____ . "Tocqueville´s Comparative Perspective". In: *The Cambridge Companion to Tocqueville* (Ed. WELCH, Cheryl). New York: Cambridge University Press, 2006.

DUNN, John. *The Political Thought of John Locke: An Historical Account of the Argument of the 'Two Treatises of Government'*. New York: Cambridge University Press, 1969.

FLORENZANO, Modesto. "François Furet historiador da Revolução Francesa". *Revista de história*, 132. São Paulo, Junho, 1995.

FORCE, Pierre. *Self-interest Before Adam Smith*. New York: Cambridge University Press, 2003.

FREY, Klaus. "Descentralização e poder local em Alexis de Tocqueville". *Revista de Sociologia e Política*, 15, Curitiba, Novembro de 2000, pp. 83-96.

FROHNEN, Bruce. *Virtue and the Promise of Conservatism – The Legacy of Burke & Tocqueville*. Kansas: University Press of Kansas, 1993.

FURET, François. "The Intellectual Origins of Tocqueville's Thought". *The Tocqueville Review*, 7. 1985-86.

_____ . Verbete "Tocqueville". Em: *Dicionário Crítico da Revolução Francesa* (Orgs. FURET, François; OZOUF, Mona/ Tradução: Henrique Mesquita). Rio de Janeiro: Nova Fronteira, 1989a.

_____ . "Tocqueville e o Problema de Revolução Francesa". In: *Pensando a Revolução Francesa* (Tradução: Luiz Marques; Martha Gambini). Rio de Janeiro: Paz e Terra, 1989b.

_____ . "Prefácio". In: Tocqueville, A. *A Democracia na América* (Tradução: Eduardo Brandão). São Paulo: Martins Fontes, 2001, pp. XI-LI.

GALLIE, Walter. « Essentially contested concepts ». *Proceedings of Aristotelian Society*, v. 56, 1956.

GEENENS, Raf; DE DIJN, Annelien. *Reading Tocqueville: from Oracle to Actor*, Basingstoke: Palgrave Macmillan, 2007.

GOLDHAMMER, Arthur. "Translating Tocqueville: The Constraints of Classicism". In: *The Cambridge Companion to Tocqueville* (Ed. WELCH, Cheryl). New York: Cambridge University Press, 2006.

GUELLEC, Laurence. *Tocqueville: L'apprentissage de la liberté*. Paris: Michalon, 1996

_____. *Tocqueville et les langages de la démocratie*. Paris: Honoré Champion, 2004.

_____. *Tocqueville et l'esprit de la démocratie*. Paris: Presses de SciencesPo, 2005.

_____. "The writer engagé". *The Cambridge Companion to Tocqueville* (Ed. WELCH, Cheryl). New York: Cambridge University Press, 2006.

_____. "Le Revival Tocqueville". *The Tocqueville Review/ La Revue Tocqueville*, Vol. XXIX, n° 1, 2008.

GUNN, John. " 'Interest will not lie' A seventeenth century political maxim". *Journal of the History of Ideas*, 29, 1968, pp. 551-564.

_____. "Public Interest". In: *Political innovation and conceptual change*. Ideas in context (ed. BALL, Terence). New York: Cambridge University Press, 1989, pp. 194-211.

HAMPSHER-MONK, Iain. "From Virtue to Politeness". In: *Republicanism* (Eds. VAN GELDEREN, Martin; SKINNER, Quentin). Vol. 2. New York: Cambridge University Press, 2002.

HARRINGTON, James. *The Oceana and Other Works of James Harrington, with an Account of His Life by John Toland*. London: Becket and Cadell, [1771]. Chapter: POLITICASTER: OR, A Comical Discourse in Answer to Mr. Wren's Book, intituled, Monarchy asserted, against Mr. Harrington's OCEANA. Disponível em <http://oll.libertyfund.org/title/916/75772>; Acessado em 2011-06-11.

HIRSCHMAN, Albert. *As paixões e os interesses - argumentos políticos a favor do capitalismo, antes do seu triunfo* (Tradução: Luiz Guilherme Chaves; Regina Bhering). Rio de Janeiro: Editora Record, 2002.

HOBBES, Thomas. *Leviatã, ou Matéria, forma e poder de um estado eclesiástico e civil.* (Org. por TUCK, Richard/Edição brasileira supervisionada por Eunice Ostrensky). São Paulo: Martins Fontes, 2008.

HOLBACH, Paul Henri (baron de). *Système social, ou Principes naturels de la morale et de la politique.* Paris: E. Ledoux, 1822.

HUGO, *Les chants du crépuscule* Paris : Charpentier, 1841.

HUGO. Victor. "Le Rhin". *Oeuvres Complètes.* Paris: Club Français du Livre, 1985.

HUNT, LYNN. "Revolução Francesa e vida privada". In: *História da Vida Privada 4; Da Revolução Francesa à Primeira Guerra Mundial* (Org. PERROT, Michelle/ Tradução: Denise Bottman). São Paulo: Companhia das Letras, 2009.

HUTCHESON, Francis. "Uma investigação sobre o bem e o mal do ponto de vista da moral". In: *Filosofia Moral Britânica: textos do século XVIII* (Tradução: Álvaro Cabral). São Paulo/Campinas: Editora da Unicamp, 1996a, pp. 111-157.

_____. "Ensaio sobre a natureza e a conduta das paixões e afecções". In: *Filosofia Moral Britânica: textos do século XVIII* (Tradução: Álvaro Cabral). São Paulo/Campinas: Editora da Unicamp, 1996b, pp. 157-163.

_____. "Ilustrações sobre o senso moral". In: *Filosofia Moral Britânica: textos do século XVIII* (Tradução: Álvaro Cabral). São Paulo/Campinas: Editora da Unicamp, 1996c, pp. 163-183.

JARDIN, Andre. *Alexis de Tocqueville.* Paris: Hachette, 1984.

JASMIN, Marcelo. *Alexis de Tocqueville: a historiografia como ciência da política.* Belo Horizonte: Editora UFMG: IUPERJ, 2005.

_____. "Interesse bem compreendido e virtude em *A Democracia na América*". *Pensar a República* (org. BIGNOTTO, Newton). Belo Horizonte: Editora UFMG, 2000.

QUANDO A POLÍTICA CAMINHA NA ESCURIDÃO

_____ ."Despotismo e História na obra de Alexis de Tocqueville". Instituto de Estudos Avançados da Universidade de São Paulo, São Paulo. Disponível em < www.iea.usp.br/artigos/jasmintocqueville.pdf>. Acessado em 07/05/2011.

JAUME, Lucien. *Tocqueville: les sources aristocratiques de la liberté*. Paris: Fayard, 2008.

KATES, Gary (ed.). *French Revolution: Recent Debates and new controversies*. London: Routledge, 2006.

KIMPBELL, Jessica. "Neo-republicanism: Machiavelli´s solutions for Tocqueville´s republic". *European Political Science Review*. New York: Cambridge University Press, 2009.

KNEE, Philip. "Tocqueville, Rousseau et le matérialisme honnête" *L'Encyclopédie Rousseau*" Disponível em < http://174.142.61.76/thematiques/rousseau.nsf/Documents/Tocqueville_Rousseau_et_le_materialisme_honnete>. Acessado em 19/12/2011.

LAMBERTI, Jean-Claude. *Tocqueville and the two democracies*. Cambridge: Harvard University Press, 1983.

LARGE, David. "Reviewed work The strange Liberalism of Alexis de Tocqueville by Roger Boesche". *The French Review*, 62(5), 1989, pp.928-9.

LEBRUN, Gerard. "O conceito de paixão". In: *Os sentidos da paixão* (Org. NOVAES, Adauto). São Paulo: Companhia das Letras, 2009.

LEFORT, Claude. *Desafios da escrita política* (Tradução: Eliana Souza). São Paulo: Discurso editorial, 1999.

_____ ."Pensando a revolução na revolução francesa". In: *Pensando o político – Ensaios sobre Democracia, Revolução e Liberdade*. (Tradução: Eliana Souza). Rio de Janeiro: Paz e Terra, 1991a.

_____ ."A revolução enquanto princípio e indivíduo". In: *Pensando o político – Ensaios sobre Democracia, Revolução e Liberdade*. (Tradução: Eliana Souza). Rio de Janeiro: Paz e Terra, 1991b.

_____. "Da igualdade à liberdade". In: *Pensando o político – Ensaios sobre Democracia, Revolução e Liberdade*. (Tradução: Eliana Souza). Rio de Janeiro: Paz e Terra, 1991c.

_____. "Permanência do teológico-político". In: *Pensando o político – Ensaios sobre Democracia, Revolução e Liberdade*. (Tradução: Eliana Souza). Rio de Janeiro: Paz e Terra, 1991d.

LEPAN, G. « Les conditions de la virtu ». *Discours sur l'économie politique* (éd. BERNARDI, Bruno). Paris: Vrin, 2002.

LLOSA. Mario Vargas. *A tentação do impossível – Victor Hugo e Os Miseráveis* (Tradução: Paulina Wacht e Ari Roitman). Rio de Janeiro: Editora Alfaguara, 2002.

_____. *A Verdade das Mentiras* (Tradução: Cordélia Magalhães). São Paulo: ARX, 2004.

MALLET DU PAN, Jacques. *Mémoires et Correspondance de Mallet Du Pan, pour servir à l'histoire de la Révolution française*. Paris: Amyot, J. Cherbuliez, 1851.

MANCINI, Matthew. "Too Many Tocquevilles: The Fable of Tocqueville's American Reception". *Journal of the History of Ideas*, 69 (2), 2008, pp.245-268.

MANENT, Pierre. *Tocqueville et La nature de la démocratie*. Paris: Fayard, 1993.

_____. "Tocqueville, Political Philosopher". In: The Cambridge Companion to Tocqueville (ed. WELCH, Cheryl). New York: Cambridge University Press, 2006.

MANSFIELD, Harvey; WINTHROP, Delba. "Tocqueville´s New Political Science". In: *The Cambridge Companion to Tocqueville* (ed. WELCH, Cheryl). New York: Cambridge University Press, 2006.

MANIN, Bernard. *The principles of representative government*. Cambridge : Cambridge University Press, 1997.

MAQUIAVEL, Nicolau. *Discursos sobre a Primeira Década de Tito Lívio* (Tradução: MF). São Paulo: Martins Fontes, 2007.

_____. *O Príncipe* (Tradução: José Antônio Martins). São Paulo: Hedra, 2009.

MAYER, Jean-Paul. *Alexis de Tocqueville: A biographical Study in Political Science*. Gloucester, Mass.: Peter Smith, 1966.

_____. "Introdução". In: TOCQUEVILLE, A. *O Antigo Regime e a Revolução*. São Paulo: Martins Fontes: 2009.

MÉLONIO, Françoise. "Tocqueville and the French". *The Cambridge Companion to Tocqueville* (ed. WELCH, Cheryl). New York: Cambridge University Press, 2006.

_____. *Tocqueville et les Français*. Paris : Aubier, 1993.

_____ ; e José-Louis Diaz, *Tocqueville et la littérature*. Paris : Presses de l'Université de Paris-Sorbonne, 2005.

MILL, John Stuart. *A Liberdade/ Utilitarismo.*(Tradução: Eunice Ostrnsky) São Paulo: Martins Fontes, 2000.

MONTAIGNE, Michel de. *Les Essais de Montaigne*. Paris: E. Flammarion, 1908.

MONTESQUIEU, Charles Louis de. *O Espírito das Leis*. São Paulo: Martins Fontes, 2005.

MUSSET. Alfred. « La confession d'un enfant du siècle". *Oeuvres de Alfred de Musset*, Paris: Charpentier 1882.

NELSON, Eric. *The Greek Tradition in Republican Thought*. New York: Cambridge University Press, 2004.

NICOLET, Claude. *L'idée républicaine en France (1789-1924)*. Essai d'histoire critique. Paris : Gallimard, 1994.

NISBET, Robert. "Many Tocquevilles". *American Scholar*, 46. (1976-77).

NOLLA, Eduardo. "Introduction de l'editeur/Editor's introduction". In: TOC-QUEVILLE, A. *Democracy in America: Historical-Critical Edition of De la Démocratie en Amérique* (ed. NOLLA, Eduardo; translated from the French by James T. Schleifer). A Bilingual French-English editions. Indianapolis: Liberty Fund, 2010, p. xlvii-cxlix.

OZOUF, Mona. *Varennes. A Morte da Realeza* (Tradução: Rosa Freire D´Aguiar). São Paulo: Companhia das Letras, 2009.

POCOCK, J. G. A., *The Machiavellian Moment - Florentine Political Thought and the Atlantic Republican Tradition*. New Jersey: Princeton University, 1975.

_____. "O conceito de linguagem e o *métier d'historien*". Em: _____. *Linguagens do ideário Político* (Tradução: Fabio Fernandez). São Paulo: Edusp, 2003a, pp. 63-82.

_____."A economia política na análise de Burke da evolução francesa". Em: _____. *Linguagens do ideário Político* (Tradução: Fabio Fernandez). São Paulo: Edusp, 2003b, pp.245-269.

_____. "Autoridade e Propriedade". Em: _____. *Linguagens do ideário Político* (Tradução: Fabio Fernandez). São Paulo: Edusp, 2003c, pp.101-127.

_____ ; BALL, Terence (eds.). *Conceptual Change and the Constitution*. Kansas : University Press of Kansas, 1988.

QUINET, Edgard. *Le christianisme et la Révolution française*. Paris : Comon, 1845.

QUIRINO, Célia Galvão. *Dos Infortúnios da Igualdade ao Gozo da Liberdade*. São Paulo: Humanitas/Fapesp, 2001.

_____."Introdução". In: CONSTANT, Benjamin. *Escritos de Política* (Tradução: Eduardo Brandão). São Paulo: Martins Fontes, 2005.

REIS, Helena Esser dos. "A virtude na filosofia política de Tocqueville". *Philosophos. Revista de Filosofia do Programa de Pós-graduação em Filosofia da UFG*, 4 (2), 1999. Disponível em <www.revistas.ufg.br/index.php/philosophos>. Acessado em: 21/09/2012.

_____ . *A liberdade do cidadão: uma análise do pensamento ético-político de Alexis de Tocqueville*. Tese (Doutorado em Filosofia). São Paulo: FFLCH-USP, 2002.

ROSANVALLON, Pierre. *La démocratie inachevée. Histoire de la souveraineté du peuple en France*. Paris: Éd. Gallimard, 2000.

ROUSSEAU. Jean-Jacques. *Du contract social ou Essai sur la forme de la République : Manuscrit de Genève* (ed. B. Bachofen, B. Bernardi, G. Olivo. Paris: J. Vrin, 2012.

_____ . *O Contrato Social* (Tradução : Antônio Danesi). São Paulo: Martins Fontes, 2006.

_____ . *Discurso sobre a origem e os fundamentos da desigualdade entre os homens/ Precedido de Discursos sobre as ciências e as artes*. (Tradução: Maria Ermantina Galvão). São Paulo: Martins Fontes, 2005.

_____ . *Discours sur l'économie politique* (ed. BERNARDI, Bruno). Paris : Vrin, 2002.

SILVA, Ricardo. "Teoria Política, História Conceitual e Conceitos Essencialmente Contestados". *Teoria, Discurso e Ação Política* (Org. OSTRENSKY, Eunice). São Paulo: Alameda, 2012.

_____ ."O Contextualismo Linguístico na História do Pensamento Político: Quentin Skinner e o Debate Metodológico Contemporâneo". Dados, 53, 2000, pp.299-335.

SCHLEIFER. James. *The Chicago companion to Tocqueville's Democracy in America*, Chicago: University Press of Chicago, 2012.

_____ . *The making of Tocqueville's Democracy in America* (2ed.). Indianapolis: Liberty fund, 2000.

SKINNER, Quentin. "Meaning and Understanding in the History of Ideas". In: *History and Theory*, 8(1), 1969, pp. 3-53.

_____ . *Liberdade antes do Liberalismo* (Tradução: Raul Filker). São Paulo: Ed. Unesp, 1999a.

_____. *Razão e retórica na filosofia de Hobbes.* (Tradução: Vera Ribeiro). São Paulo: Ed. Unesp, 1999b.

_____. "Motives, Intentions and Interpretation of Texts". In: *Visions of Politics.* Vol. I. New York: Cambridge University Press, 2002 [1972], pp. 90-102.

_____. "Meaning and Understanding in the History of Ideas" In: *Visions of Politics.* Vol. I. New York: Cambridge University Press, 2002 [ed. Rev.].

SPTIZ, Jean-Fabien. *La liberté Politique. Essai de genealogie conceptuelle.* Paris: Presses Universitaires de France /PUF, 1995.

_____. "From Civism To Civility: D´Holbach Critique of republican virtue". *Republicanism: The values of republicanism in early modern Europe* (eds. VAN GELDEREN, Martin; SKINNER, Quentin). Vol. 2. New York: Cambridge University Press, 2002.

_____. "Charles Dupont-White, L'Anti-Tocqueville". *The Tocqueville Review/ La revue Tocqueville,* V. 31, N. 1, 2010.

STAËL, Germaine de. *Considerations on the Principal Events of the French Revolution* (ed.CRAIUTU Aurelian). Indianapolis: Liberty Fund, 2008.

TOCQUEVILLE, Alexis de. *Journeys To England and Ireland* (Ed. MAYER, Jean-Paul). New York: Doubleday, 1968.

_____. *Oeuvres Complètes.* III. Correspondance Gustave de Beaumeont. Paris: Gallimard, 1967.

_____. *L'Ancien Régime et la Révolution.* Paris: Editions Flammarion, 1973.

_____. *Selected Letters.* (ed. BOESCHE Roger). Berkeley, University of California Press, 1985.

_____. *A Democracia na América: Leis e costumes (TI).* (Tradução: Eduardo Brandão). São Paulo: Martins Fontes, 2001.

_____. *Lettres choisies, Souvenirs: 1814 – 1859* (ed. MELÓNIO, Françoise et GUELLEC, Laurence), 2003.

_____ . *A Democracia na América: Sentimentos e opiniões (TII)*. (Tradução: Eduardo Brandão). São Paulo: Martins Fontes, 2004.

_____ . *O Antigo Regime e a Revolução* (Tradução: Rosemary Costhek). São Paulo: Martins Fontes, 2009

_____ . *Democracy in America: Historical-Critical Edition of De la démocratie en Amérique* (ed. NOLLA, Eduardo/ translated from the French by James T. Schleifer). A Bilingual French-English editions. Indianapolis: Liberty Fund, 2010.

_____ . *Viagem aos Estados Unidos* (Tradução Plínio Coelho). São Paulo: Hedra, 2010b.

VILLA, Dana. "Tocqueville and Civil Society". In: *The Cambridge Companion to Tocqueville* (ed. WELCH, Cheryl). New York: Cambridge University Press, 2006.

WALDRON, Jeremy. "The decline of natural right". In: *The Cambridge History of Nineteenth Century Philosophy* (eds. WOOD Allen; HAHN, Susan). New York: Cambridge University Press. 2009.

WELCH, Cheryl. "Introduction: Tocqueville in the Twenty-First Century". In: *The Cambridge Companion to Tocqueville* (ed. WELCH, Cheryl). New York: Cambridge University Press, 2006.

WOKLER, Robert. "Ideology and the origins of social science". In: *The Cambridge History of Eighteenth-Century Political Thought* (eds. GOLDIE, Mark; WOKLER, Robert). New York: Cambridge University Press, 2008.

WOLFF, Francis. "Justiça: estranha virtude". In: *Vida, vício e virtude* (Org. NOVAES, Adauto). São Paulo: Editora Senac/ Sesc, 2009.

_____ . "O rio e a flecha do tempo. O futuro é sempre diferente ou sempre o mesmo?". In: *Mutações – O futuro não é mais o que era* (Org. NOVAES, Adauto). São Paulo: Edições Sesc, 2013, p. 41-62.

WOLIN, Sheldon. *Tocqueville between two worlds: the making of a political and a theoretical life*. Princeton : Princeton University Press, 2001.

WRIGHT, Johnson Kent. "The idea of a Republican Constitution in Old Régime France". In: *Republicanism: A shared European Heritage* (Ed. VAN GELDEREN, Martin; SKINNER, Quentin eds.). New York: Cambridge University Press, 2002.

ZETTERBAUM, Marvin. *Tocqueville and The Problem of Democracy*. California: Stanford University Press, 1967.

ZUNZ, Olivier. "Tocqueville and the Americans: *Democracy in America* as read in nineteenth Century America". In: *The Cambridge Companion to Tocqueville* (ed. WELCH, Cheryl). New York: Cambridge University Press, 2006.

AGRADECIMENTOS

Este livro foi gestado a partir da minha dissertação de mestrado em Ciência Política, *Quando a política caminha na escuridão – um estudo sobre interesse e virtude n'A Democracia na América de Tocqueville*, realizada junto à Universidade de São Paulo. Desde a defesa, o trabalho foi submetido a discussões e teve algumas de suas partes reelaboradas. Se a distância temporal que separa o trabalho original desta publicação, um caminho constituído de incansáveis leituras e edições das muitas linhas, guarda a promessa de um texto melhor, é inevitável o sentimento de que estamos diante daquilo que o livro apenas e precipitadamente o é - e não daquilo que ele deveria ser. À parte as insuficiências, para esta realização, eu pude contar com muitas pessoas e instituições, algumas delas aqui lembradas. Pelo apoio financeiro indispensável para a realização da pesquisa, bem como desta publicação, eu agradeço à FAPESP, Fundação de Amparo à Pesquisa do Estado de São Paulo. Eu também agradeço aos editores da Alameda, pelo grande cuidado com algo tão pequeno e importante para mim.

À professora Eunice Ostrensky, a minha orientadora, eu sou muito agradecida pela confiança em mim depositada e pelo acolhimento inteligente e generoso das minhas incursões nas páginas amareladas dos fins do século

XVIII e XIX. Sem o esforço delicado dela em diluir a minha timidez e se não fosse ela a melhor leitora das numerosas versões deste e outros textos, estas páginas não teriam vindo a público.

Sou muitíssimo grata ao professor Marcelo Jasmin, quem deixou de figurar apenas nas conversas silenciosas que eu estabelecia com os comentadores da obra tocquevilleana e passou a ser um interlocutor presente, pela disposição e atenção com a qual leu este trabalho, bem como pelos apontamentos seguros e imprescindíveis em todas as ocasiões em que conversamos sobre o nosso francês. Por fim, sou grata pela generosidade e beleza do comentário lido durante a defesa da dissertação, o qual parcialmente constitui o *Prefácio* deste livro. Eu agradeço muito ao professor Cícero Araújo, pela erudição incomparável com a qual preserva o frágil fio de uma ideia, embaraçando-o a um sem número de referências e imagens despertas no caos do mundo humano; por empregar esse modo de leitura largo e criterioso em meu trabalho e fornecer indicações precisas durante o exame de qualificação, bem como durante a defesa da dissertação.

Também sou grata ao professor Álvaro de Vita, pelo exemplo de estudioso reservado e por ter aberto as portas do departamento de Ciência Política, na minha primeira Iniciação Científica, ainda em 2004, passo primeiro em direção ao que convencionamos tratar por um possessivo: o "meu" Tocqueville – já se vão mais de dez anos. Por falar no departamento que oferece as condições para o desenvolvimento do meu trabalho, eu agradeço muito pelo incentivo constante dos professores Fernando Limongi, Adrian Gurza Lavalle e Rogério Arantes, respectivamente, o chefe do departamento, o coordenador dos Seminários e o da pós-graduação, na época em que desenvolvi a pesquisa de mestrado. Aos secretários e secretárias do departamento de Ciência Política e, especialmente, à tão paciente Maria Raimunda, que sempre será a nossa querida "Rai".

Ao professor Sérgio Cardoso, eu agradeço pela amizade, pelo apoio constante nessa vida que se realiza em livros e pela combinação rara e virtuosa da dedicação à docência, do rigor na escrita e da erudição – avessa a modismos e afetações. Eu agradeço muito ao professor Frédéric Brahami, quem

QUANDO A POLÍTICA CAMINHA NA ESCURIDÃO

com afabilidade me acolheu, em 2015, para a realização de um estágio de pesquisa no exterior, integrando o *Laboratoire Logiques de l'agir*. Lembro-me do sorriso franco e do entusiasmo fraterno demonstrado, quando ele soube que eu estava preparando este livro. Além das recomendações bibliográficas, também sinto como um privilégio poder ter seguido os Seminários dele sobre a Filosofia diante da Revolução Francesa (1789 - 1851), na *Sorbonne* e na *École des Hautes Études* (EHESS), e fazê-los, de algum modo, refletidos nestas linhas.

Pela fundamental amizade e apoio em todas as horas, sou grata a minhas duas grandes amigas: San Romanelli Assumpção e Raíssa Wihby, a quem devo também o aprendizado da delicadeza vigorosa. Ao Lucas Petroni, agradeço por permitir que a nossa amizade fraterna seja metáfora do bom diálogo entre a teoria política normativa e as narrativas históricas. Ao Bruno Santos, agradeço pelo carinho com o qual recebe a mim e aos meus comentários e pelo nosso diálogo incessante em torno dos muitos republicanismos. Ao querido amigo Tiago Borges, pela cumplicidade e por me ensinar que a seriedade também pode ser leve. Ao Renato Francisquini, por ser o amigo que me faz sorrir e pelo modo sereno de ser acadêmico.

Agradeço aos meus admiráveis amigos, há tempos trazidos pelos giros da Fortuna: Hilton Cardoso, Marina Capusso, Nicolau Dela Bandera, Leonardo Novaes, Fábio Lucas e Carlos W. Com eles, eu partilho a dura tarefa de amar o mundo público, emprestando os termos de Hannah Arendt, e eles definem para mim aquela família feita de laços eletivos.

Sou grata aos colegas do Grupo de Estudos de Teoria Política Moderna: Felipe Freller, o meu amigo tocquevilleano, de inteligência e disciplina raras, com quem palmilho o solo francês do século XIX; Chris Cardoso, Juliana Oliveira, Breno Barlach, professor Patricio Tierno, Gabriela Rosa, pelo apoio sem o fastio da concorrência e pelo caminho percorrido até juntos chegarmos a esta publicação.

Por comporem o meu ideal de amizade, por respeitaram a distância criada pelos meus passos nas ruas do século XIX e por tornarem mais claras para mim as palavras de Henry James, "a nossa dúvida é a nossa paixão/ a nossa paixão é a nossa tarefa", agradeço a Camila Rocha, a Ruth Ferreira, a Fernanda Ferrari, minhas queridas amigas; ao André Kaysel, ao Marcos Paulo, ao Osmany Porto, ao Sérgio Simoni, ao Fábio Lacerda e ao João Cortese; pelas mesmas razões, agradeço a Bárbara Vieira, Bernardo Fonseca Machado, Bianca Chizzolini, Bianca das Neves, Bruna, Clarinha, Dani Lopes, Deyse, Erika, Gustavo Denani, Gustavo Xavier, Ivan Angeli, João Kosicki, Karla, Karime, Kelly, Laura Giannecchini, Lívia Gomes, Luís Felipe Martins da Costa Passos, Maria Mercedes Salgado, Paulo Assis, Polyana Lima, Raquel, Tati, Thaís Gomes, Thiago Ferreira.

Lá das terras do Tocqueville, sou grata pela amizade alegre de Lina Shimada e pelos acordes do Patrick Trabal. Enquanto este livro passava pela penosa última revisão, pude contar com a bondade e o carinho da minha *chère amie* Joanna Merchut, a quem eu agradeço pela relação fraterna mediada por uma língua que era a ambas estrangeira e por um certo Kieślowiski, que nos era uma paixão comum. Sou imensamente grata à família que conheci lá nas franjas do Garonne, em Toulouse, no inverno de 2012-2013, pela solidariedade, pela confiança e por tudo o que aprendi e foi fundamental para os anos seguintes: Sylvie e Romain, Dorian, Enzo e Loris Ballini. À minha *chère amie* Kelaine Azevedo, quem está na fronteira de tudo isso (e por isso a coloco neste parágrafo), pela sua generosidade do tamanho do Atlântico e por me ensinar a coragem.

Agradeço minha família. A começar pela minha mãe, Elaine, pelo cuidado indescritível e por brincar conosco, quando éramos crianças, de procurar, o mais rápido possível, certos verbetes no dicionário. Sou grata porque, até hoje, tenho um apreço meio misterioso por palavras e me enredo na teia dos vocábulos. Ao meu pai, Alfredo, e ao meu irmão, Renato, pelo apoio nas minhas escolhas e naquilo que me realiza. Às minhas avós, Maria e Ignez, por serem duas mulheres fortes. Aos meus avôs, Lázaro e Aorélio (in memoriam), por serem homens retos. Não vou nomear um a um, mas agradeço aos meus familiares que, mesmo sem entenderem exatamente os caminhos dessa carreira exigente e sem compreenderem como eu posso ser genuinamente completa, mesmo debruçada horas a fio sobre papéis e voluntariamente en-

QUANDO A POLÍTICA CAMINHA NA ESCURIDÃO

cerrada no silêncio, respeitaram o meu ofício. Seria injusto se eu não distinguisse, entre esses laços naturais, a amizade do Amauri, da Natália, da tia Nena, da tia Sô e da Marina, os quais me oferecem carinho, me roubam dos livros e me fazem rir de mim mesma. Sou grata ao amor sem testemunhos da Raquel (in memoriam), a quem também dedico este trabalho, pela saudade que ensina a respeitar a sinuosidade das determinações – e o que estaríamos fazendo agora, minha irmã, se não fosse essa ausência tão presente?

Um agradecimento especial àqueles que me tiram da habitual rigidez e, mesmo em meio a cócegas, desenhos, fantasias e pequenas tiranias do "agora você era...", me lançam ao mundo comum, dotando de sentido a relação entre passado e futuro: as minhas priminhas Raíssa, Helena, Rafaela e a Helô e os meus sobrinhos Emanuel, Davi e Daniel. Para alguém cujo ofício se faz nas margens da História, soa um anacronismo a partícula diminutiva "inha" e "inho", mas é assim que os guardo. Sem o nascimento de cada um, acho que eu não me perguntaria acerca da minha obrigação moral de, pela atividade do pensamento, tentar trazer a paz à existência, do contrário, nos termos da Virginia Woolf, "continuaremos na mesma escuridão". E, por fim, o agradecimento a quem conhece cada uma dessas linhas, desde os passos mais incertos, e a quem me redime do labirinto das minhas tristezas pela música e pela cor, o Diego.

Alameda nas redes sociais:
Site: www.alamedaeditorial.com.br
Facebook.com/alamedaeditorial/
Twitter.com/editoraalameda
Instagram.com/editora_alameda/

Este livro foi impresso em São Paulo no verão de 2018. No texto foi utilizada a fonte Adobe Jenson Pro em corpo 10 e entrelinha 15 pontos.

Quando a política caminha na escuridão

Interesse e virtude n' *A democracia na América* de Tocqueville

CONSELHO EDITORIAL

Ana Paula Torres Megiani

Eunice Ostrensky

Haroldo Ceravolo Sereza

Joana Monteleone

Maria Luiza Ferreira de Oliveira

Ruy Braga